北京师范大学 985 专项项目

京津冀生态文明建设的总体战略策略（项目编号：2015KJJCB29）

城市与区域空间结构研究丛书 | 吴殿廷主编

基于空间尺度的土地利用/覆盖变化与生态系统服务

Land Use / Land Cover Change and Ecosystem Services Based on Spatial Scale

张宇硕 著

南京·2021

内容提要

本书从空间尺度视角切入，阐述了土地利用/覆盖变化与生态系统服务的关系。对土地利用/覆盖变化与生态系统服务的尺度概念和学科内涵进行了界定；构建了土地利用/覆盖变化与生态系统服务交互作用的概念框架；探析了京津冀地区、市域、县域、格网尺度的土地利用/覆盖格局与时空变化特征、生态系统服务格局与时空变化特征、生态系统服务权衡关系；从数值统计和空间分异两个角度揭示了土地、社会、经济、政策等因素及其变化对生态系统服务的综合影响。全书旨在系统理解京津冀城市群土地利用/覆盖与生态系统服务之间的关系，促进不同尺度生态系统服务的供给与协同，为相关理论研究提供基础与框架。

本书适用于地理学、土地科学、生态学等专业的教学和科研人员阅读，也可供自然资源管理、区域发展规划领域的从业人员参考。

图书在版编目（CIP）数据

基于空间尺度的土地利用/覆盖变化与生态系统服务/张宇硕著.—南京：东南大学出版社，2021.2
（城市与区域空间结构研究丛书/吴殿廷主编）
ISBN 978-7-5641-9370-6

Ⅰ.①基… Ⅱ.①张… Ⅲ.①土地利用－关系－服务功能－研究－华北地区 Ⅳ.①F321.1

中国版本图书馆 CIP 数据核字（2020）第 261740 号

Jiyu Kongjian Chidu De Tudi Liyong/Fugai Bianhua Yu Shengtai Xitong Fuwu

书　　名：	基于空间尺度的土地利用/覆盖变化与生态系统服务
著　　者：	张宇硕
责任编辑：	李倩　　邮箱：441339710@qq.com
出版发行：	东南大学出版社　社址：南京市四牌楼 2 号（210096）
网　　址：	http://www.seupress.com
出 版 人：	江建中
印　　刷：	南京玉河印刷厂　　排版：南京凯建文化发展有限公司
开　　本：	787mm × 1092mm　1/16　印张：9.5　字数：220 千
版 印 次：	2021 年 2 月第 1 版　2021 年 2 月第 1 次印刷
书　　号：	ISBN 978-7-5641-9370-6　定价：49.00 元
经　　销：	全国各地新华书店　　发行热线：025-83790519　83791830

* 版权所有，侵权必究

* 本社图书如有印装质量问题，请直接与营销部联系（电话或传真：025-83791830）

总序

任何事物的发展都是在时空中展开的，当这个事物的体量很大时，其内部的分异就不容忽视。中国经济社会系统就是这样的事物，中国的很多城市、区域也是这样的事物，而且还都处在快速分异、分化之中。所以，在中国，以研究空间结构为主的学科——地理学，在当前是最具生命力的学科，全世界还没有哪一个国家的地理学研究人员数量和高校招生规模可与中国媲美。

以北京师范大学为例，从改革开放初期的一个地理系，发展到目前的"三宫六院点点红"（地理学院、环境学院、自然资源学院、水科学研究院、减灾与应急管理研究院等），现有全职教师300多名，在岗教授100多名，每年招收博士生数以百计。当然，中国在这方面的研究水平还不高，与美国、德国、日本等发达国家相比还有很大差距，但凭借着人多势众的研究队伍和广泛的社会需要，中国的空间结构研究必将在不远的将来站在世界的前沿，甚至引领世界发展。

空间结构是指在一定地域范围内不同要素的相对区位关系和分布形式，它是在地球表层系统长期发展过程中人类活动和区位选择的积累结果与空间表现形式，反映了人类活动的区位特点以及在地域空间中的相互关系。这些成果重在研究城乡之间、区域之间的统筹协调发展问题。按照正常的思维习惯，即先从宏观整体出发，然后逐渐深入到微观具体层面，因此本套丛书我们将视角放在城市和区域内部，以一线城市、部分二线城市和发达地区为主要研究对象，利用城市地理学、区域经济学等最新理论和地理信息系统（Geographic Information System，GIS）等现代手段，探索快速发展的城市和区域空间演变规律，旨在为正处在全面城镇化的国家决策和转型与跨越发展的区域决策提供支撑。

中国的空间结构研究从2005年开始进入爆发式发展时期。在中国知网上，以"区域空间结构"为主题进行检索，2000年可检索到文献7篇，2005年可检索到41篇，2010年可检索到86篇，2012年可检索到176篇；以"城市空间结构"为主题进行检索，2000年可检索到文献18篇，2005年可检索到203篇，2010年可检索到437篇，2012年可检索到568篇！由此可见，空间结构研究契合了国内研究的热潮。我们将广泛吸收国内外同仁加盟，总结、探索推出具有中国特色的城市与区域空间结构研究系列成果，以推动中国城市与区域的可持续发展。

高瞻远瞩遥感者，博大精深地理人。科学发展纵横论，强邦富民要躬行。地理学以其独特的空间思维迎合了大国崛起的现实需要，成为当前最具价值的战略学科之一。我们在为地理学迅速成长欢欣鼓舞的同时，也深感责任重于泰山。是为序，并与国内外同仁共勉。

本丛书的出版得益于东南大学出版社的支持，尤其是徐步政、孙惠玉两位编辑的帮助。在当今人们都热衷于追求经济利益的大背景下，他们却对学术著作出版热心扶持，其高尚之情怀令人感动。特借丛书出版之际，向东南大学出版社表示敬意和谢意！

吴殿廷

前言

随着全球范围的人口增加、经济增长和城市发展，人类活动引发了土地利用/覆盖的剧烈变化，对生态系统服务的提供能力产生严重影响。作为全球可持续发展研究的重要科学问题之一，生态系统服务已成为国际地理学、生态学及相关学科研究的前沿和热点，对生态环境保护具有重要的决策指导价值。如何有效地应对在人类活动驱动下土地利用/覆盖变化对区域生态系统服务的影响，促进区域可持续发展，是地理学研究的一个重要论题。党的十八大报告将生态文明建设作为"五位一体"之一，党的十九大报告进一步强调"绿水青山就是金山银山"的重要生态保护理念，"山水林田湖草是生命共同体"已成为重要的生态建设思想。因此，如何提出科学的理论与方法提升和优化生态系统服务，进而缓解生态系统服务有效供给对社会经济发展的限制，已成为京津冀一体化发展面临的重要问题，对实现"金山银山"与"绿水青山"的双赢战略至关重要。

地理学对土地利用格局、过程及驱动机制已有深入研究，生态系统服务评估是涉及生态学和地理学等多学科交叉的重要研究内容。多尺度分析有利于将不同尺度上土地利用/覆盖与生态系统服务的关系联系起来，深入揭示土地利用/覆盖变化对生态系统服务的影响。京津冀地区快速的人口增加、城市化和产业调整对土地利用/覆盖产生显著影响，引发了一系列生态、环境、资源等方面的问题，经济增长与生态保护之间的矛盾不断激化。因此，基于土地利用/覆盖变化对生态系统服务变化及其影响因素进行定量分析，有助于科学理解京津冀地区土地利用/覆盖与生态系统服务之间的关系，促进区域生态系统服务的提升，对京津冀生态文明建设和协同发展具有重要意义。

利用首套全球 30 m 空间分辨率的地表覆盖数据（GlobeLand30）对京津冀地区的土地利用/覆盖数据进行提取，采用多层次空间统计的方法对京津冀全区、三省市（北京、天津、河北）、地级市、区县及 1 km×1 km 格网单元的土地利用/覆盖数据进行多层次空间统计，对土地利用/覆盖格局与时空变化进行多尺度分析。研究发现，2000—2010年，京津冀地区土地利用/覆盖变化表现出明显的时空差异。耕地减少和建设用地增加是京津冀地区突出的土地利用/覆盖变化特征，耕地减少区域与城市扩张区域在空间分布上呈现明显的空间重叠现象。通过地类转换矩阵可知，耕地向建设用地转化是京津冀地区耕地减少和建设用地增加的直接原因。建设用地扩张规模最大的区域连片分布于"京津唐"

地区，沿北京—保定—石家庄、北京—天津、唐山—天津—沧州形成三条点轴式分布的建设用地扩张带。

利用遥感、地形、气象、土壤等数据建立生态系统服务评估数据库，参考千年生态系统评估技术路线，根据京津冀地区的自然地理条件、社会经济发展和生态环境问题现状，选取净生产力、粮食生产、水源涵养、土壤保持作为生态系统服务评估指标。基于模型结果准确性、操作可行性及应用广泛性等原则，选取估算模型对四类生态系统服务进行估算和分析。通过对京津冀全区尺度生态系统服务平均值的统计发现，10年间粮食生产呈上升趋势，净生产力、水源涵养和土壤保持均呈下降态势。不同尺度上生态系统服务变化呈现显著的区域差异。粮食生产服务在天津南部、沧州、衡水东部区县形成一个高增长区，水源涵养服务上升区零散分布于北京的密云县、张家口的张北县等，土壤保持服务在京津冀西南部的石家庄、邢台、邯郸的西部区县形成一个明显的下降区。

基于生态系统服务估算结果，采用空间叠加和聚类分析法分别对区县单元生态系统服务供给的多样性和综合性进行时空差异分析。研究发现，京津冀地区尚无区县在净生产力、粮食生产、水源涵养和土壤保持四类服务上均具备高于全区平均水平的能力。2000年，提供三类生态系统服务能力的区域（"3"类区域）主要呈条带状分布于燕山和太行山区域，各类生态系统服务供给能力均较低的区域（"0"类区域）连片分布于北京、天津、沧州。2000—2010年，"3"类区域呈显著扩张趋势，连片分布于京津冀北部地区。"0"类区域呈缩减趋势，集中分布于"京津唐"地区。根据区县单元生态系统服务的聚类分析，结合聚类后各类区域中生态系统服务的平均值，按照生态系统服务供给水平的高低将京津冀地区划分为人口集聚区、粮食生产区、水源涵养区和土壤保持区。

基于生态系统服务标准化数据，采用相关分析法分别对地级市、区县、1 km×1 km 格网尺度的生态系统服务权衡关系进行统计分析。研究发现，2000年和2010年，上述三个尺度上的净生产力与水源涵养保持协同关系，粮食生产服务与水源涵养服务、土壤保持服务则呈现权衡关系，水源涵养服务与土壤保持服务之间呈现协同关系。京津冀生态系统服务权衡/协同关系具有一定的尺度效应，如粮食生产服务和水源涵养服务在地级市尺度上不具有明显的权衡或协同关系，但在区县尺度和 1 km×1 km 格网尺度上则呈现出权衡关系。2000—2010年，耕地的粮食生产服务呈增加态势，土壤保持服务有所下降。林地、草地和灌丛地的水源涵养服务与土壤保持服务变化微弱，净初级生产力在耕地、林地、草地和灌丛地方面均表现为下降趋势。

基于土地利用/覆盖数据和社会经济统计数据，构建由土地利用/覆盖因素、社会因素、经济因素所组成的综合指标体系，采用因子分析和回归分析相结合的方法对生态系统服务的影响因素进行定量分析和探讨。研究发现，对粮食生产服务、水源涵养服务、土壤保持服务影响最大的均为土地利用/覆盖因子，对净生产力影响最大的是经济和人口因子。耕地对粮食生产具有正向影响，对水源涵养和土壤保持均产生负向影响。与此相反，林地、草地和灌丛地对水源涵养和土壤保持具有正向影响，对粮食生产则产生负向影响。对比不同土地类型对生态系统服务的影响程度，对粮食生产、水源涵养服务、土壤保持影响程度最大的均为耕地，对净生产力影响程度最大的是草地和林地。10年间土地利用/覆盖因子对生态系统服务的影响程度呈上升趋势，其中耕地、林地和草地对净生产力与土壤保持的影响程度均明显增强。经济和人口因子对生态系统服务的影响程度亦呈上升趋势，人口密度、城镇化水平、地均第一产业增加值对净生产力、粮食生产和土壤保持服务的影响程度均明显增强。

选择"土地利用变化与生态系统服务关系"作为研究方向得到了北京师范大学985专项项目"京津冀生态文明建设的总体战略策略"（项目编号：2015KJJCB29）的支持。选择该研究方向主要是基于对京津冀城市群社会经济发展与生态环境保护之间现实矛盾的思考，通过土地利用将社会经济活动与生态系统服务连接起来，探讨人文因素和自然因素对生态系统服务的交互影响，尝试将人文地理学对社会、经济、文化等因素的研究优势融入土地利用变化对生态系统服务影响的尺度效应研究中，探索人文地理学与自然地理学、生态学的学科交叉优势在土地利用变化与生态系统服务研究领域的重要作用。由于书中的一些内容具有一定的探索性，故难免有不妥甚至谬误之处，祈望读者不吝珠玉、慷慨赐教。

张宇硕
2020年春于山西财经大学

目录

总序
前言

1 绪论 001
   1.1 研究背景 001
      1.1.1 人类活动促使土地利用/覆盖发生了剧烈变化 001
      1.1.2 土地利用/覆盖变化改变着生态系统服务的供给能力 002
      1.1.3 生态系统服务与区域可持续发展和人类福祉密切相关 004
      1.1.4 京津冀协同发展对生态系统监测与管理提出要求 005
   1.2 研究意义 006
      1.2.1 理论意义 006
      1.2.2 实践意义 007
   1.3 国内外相关研究进展 008
      1.3.1 尺度的基本概念 008
      1.3.2 土地利用/覆盖监测与时空变化 009
      1.3.3 生态系统服务评估与时空变化 014
      1.3.4 考虑空间尺度的土地利用/覆盖变化对生态系统服务的影响
.... 026
   1.4 研究框架、研究内容及技术路线 032
      1.4.1 研究框架 032
      1.4.2 研究内容 033
      1.4.3 技术路线 034

2 研究区、数据来源及研究方法 042
   2.1 研究区概况 042
   2.2 数据来源与处理 043
      2.2.1 基础数据库 044
      2.2.2 派生数据库 045
   2.3 研究方法 047
      2.3.1 土地利用/覆盖统计与分析 047
      2.3.2 生态系统服务评估与分析 048

3 京津冀城市群土地利用/覆盖格局及其时空变化 ... 058
3.1 土地利用/覆盖空间分布格局 ... 058
3.2 土地利用/覆盖时空变化特征 ... 063
3.2.1 总体变化幅度 ... 063
3.2.2 区域变化特征 ... 064
3.2.3 空间变化分异 ... 067
3.3 土地利用/覆盖类型转换特征 ... 068
3.4 本章小结 ... 071

4 京津冀城市群生态系统服务格局及其时空变化 ... 073
4.1 生态系统服务空间分布格局 ... 073
4.2 生态系统服务时空变化特征 ... 079
4.2.1 时间变化特征 ... 079
4.2.2 区域变化特征 ... 080
4.2.3 空间变化分异 ... 083
4.3 生态系统服务供给多样性与综合性的空间分异特征 ... 085
4.3.1 生态系统服务多样性供给的空间分异 ... 085
4.3.2 生态系统服务综合性供给的空间分异 ... 088
4.4 生态系统服务的空间权衡关系 ... 090
4.4.1 市域尺度的权衡关系 ... 091
4.4.2 县域尺度的权衡关系 ... 092
4.4.3 格网尺度的权衡关系 ... 094
4.5 本章小结 ... 096

5 县域尺度土地利用/覆盖变化对生态系统服务的影响 ... 098
5.1 指标体系构建 ... 099
5.2 回归模型筛选 ... 100
5.2.1 模型假设 ... 100
5.2.2 模型检验 ... 101
5.2.3 模型建立 ... 103
5.3 影响因素测度及其变化分析 ... 105
5.3.1 影响因素的多元回归分析 ... 105
5.3.2 影响因素的时间变化特征 ... 113
5.4 本章小结 ... 114

6 格网尺度土地利用/覆盖变化对生态系统服务的影响 115
- 6.1 生态系统服务空间分异的影响因素 115
- 6.2 生态系统服务空间分异的主导影响因素 116
- 6.3 生态系统服务空间分异的交互影响因素 117
- 6.4 本章小结 120

7 生态系统服务保持与恢复政策建议 121
- 7.1 加强土地开发强度的控制，调整建设用地扩张速度 121
- 7.2 维护区域生态系统服务主导功能，促进社会-经济-生态协同发展 122
- 7.3 缓解生态系统服务权衡，促进生态系统服务协同 123
- 7.4 推进生态文明制度建设，建立健全生态保护法律法规 124
- 7.5 本章小结 125

8 总结与展望 127
- 8.1 主要结论 127
- 8.2 创新和不足 130
  - 8.2.1 探索性尝试 130
  - 8.2.2 存在的不足 131
- 8.3 未来研究展望 132
  - 8.3.1 构建多尺度关联和多主体参与的理论框架 132
  - 8.3.2 丰富和完善对水体和湿地生态系统所提供服务的评估 133
  - 8.3.3 深入阐释土地利用/覆盖变化对生态系统服务影响的尺度效应 133
  - 8.3.4 合理完善土地利用/覆盖变化对生态系统服务影响的尺度分析方法 134
  - 8.3.5 预测和分析未来不同情景下生态系统服务的时空变化 135

1 绪论

1.1 研究背景

1.1.1 人类活动促使土地利用/覆盖发生了剧烈变化

伴随全球范围的人口增长、经济发展、城市化过程，人类为了满足自身发展的需求，不断通过改变土地利用/覆盖来实现对自然资源的开发和利用。人类的开发利用活动在全球、国家、区域等不同尺度上对土地利用/覆盖的类型、质量和空间格局产生了不同程度的影响，出现了耕地面积减少、森林退化、淡水资源短缺、土地沙化、草场退化等生态环境问题。土地利用/覆盖变化与人类可持续发展密切相关，对它的研究受到许多学者与研究组织的关注。1995年，"国际地圈与生物圈计划"（IGBP）和"国际全球环境变化人文因素计划"（IHDP）共同发起了"土地利用/覆盖变化"（LUCC）的核心研究项目，旨在增进LUCC的机制研究及其与全球环境变化的关系；2005年，它们又联合启动了全球土地计划（Global Land Project，GLP），该计划是在IGBP的核心计划"全球变化与陆地生态系统"（GCTE）和IGBP-IHDP的联合核心计划——"土地利用/覆盖变化"的科学基础上，进一步深化地球系统演化背景下对人类-陆地环境系统的理解。

土地利用/覆盖变化具有显著的区域性特点，全球不同区域呈现不同的土地利用/覆盖变化趋势和问题。为了满足粮食需求，人类通过农业土地利用活动已经对地球表面格局、构造和形态产生了很大的影响[1-2]。在一些面临粮食短缺的发展中国家，如孟加拉国、印度（沿印度河河谷）、中亚部分国家，主要通过增加耕地面积来增加粮食产量，导致一些区域的自然生态系统，如森林、草地、湿地等被开垦为农田[3]。事实上，多数发展中国家的粮食需求在不断增长，而农业用地却非常有限。

与此相反，在中国东部、巴西、阿根廷部分地区的耕地面积却在减少[4-5]，这与这些发展中国家经历了最快速的城市化过程有关，城市人口的迅速增加促使城市用地和工业用地大量扩张。据估计，每年发展中国家将100万~200万hm^2的耕地用来满足房屋建筑、工业设施、基础设施及休闲设施等方面的需求，而优质的农业用地大都位于城市周边，成为城市扩张用地的主要来源。一项关于全球城乡建设用地的研究发现，在2000—2010年，全球新增城乡建设用地的50.26%来自对耕地的占用[6]。施奈德（Schneider）等学者对中国的城市扩张进行了深入研究，研究发现，在1978—2010年中国沿海地区的城市用地面积增加了4~5倍，沿海和西部的大型城市群城市用地面积平均增加了450 km^2 [7]。城市用地的扩张不仅占用自然和半自然生态用地，而且会加剧景观破碎化[8]。

森林砍伐也已成为人类对土地覆盖进行利用和改造的最普遍形式。据联合国粮食及农业组织（FAO）的评估，1990—2000年每年全球森林面积净减少940万hm^2。大部分的森林砍伐都发生在热带森林地区，如巴西亚马孙、东南亚岛屿、非洲中部等森林资源丰富的地区。巴西亚马孙地区约16%的原始森林被砍伐，砍伐率居高不下[9]。一方面，这些地区的农业经营模式粗放、农业收入较低，对农业用地和产量的需求促使农业用地面积发生扩张，处于农田边缘地区的森林被开垦为种植经济作物的农业用地。另一方面，国际和国内木材市场的巨大需求刺激了森林砍伐的规模和速度。

虽然全球不同区域土地利用/覆盖变化的类型、形式和性质有所不同，但最终目的和结果通常都是相似的，即在最大程度上获取人类所需的生态系统产品和服务。因此，人类在通过土地利用活动获取一系列重要自然资源（如食物、淡水和能源）的同时，也干扰了生态系统服务的提供能力。

1.1.2 土地利用/覆盖变化改变着生态系统服务的供给能力

土地利用/覆盖变化是人类活动对生态系统产生影响的直接表现。人类通过高强度的土地利用活动将地球陆地表面复杂的自然生态系统转变为简单的人工或半人工生态系统，如森林、草地被开垦为农业用地，城市周边的耕地被城市用地所蚕食，河口海岸地区的滩涂湿地被开垦为农业用地或通过填海造地转化为城市或工业用地，通过增加灌溉或使用化肥农药来提高粮食产量，这些都会对地下水水质产生影响。这些过程虽然为人类提供了至关重要的社会经济利益，但是也对生态系统服务功能产生了负面影响[10]，引发生态环境的恶化。相反，人类对生态系统所采取的一些修复措施会对生态系统服务产生正面影响，如植树造林既可以保持和维护土壤，又能起到防风固沙的作用。

在以地理学家为主体的土地利用变化研究中，已经把土地利用变化对生态系统服务的影响作为一项重要研究内容[11]。土地利用变化被认为是生态系统服务变化的重要驱动力之一。一方面，土地是生态系统的镶嵌体，土地利用的类型、格局及结构具有提供不同生态系统服务类型的能力[12]。土地利用变化会改变生态系统的结构、功能及服务。另一方面，在人类社会经济活动与决策的驱动下，土地利用方式、结构、类型及空间配置均会对生态系统服务的供给能力、空间差异及其相互关系产生影响[13]。近年来，国外研究已从客观、中立地分析土地利用时空变化对生态系统服务的影响机理，发展到从多行为主体认知的视角阐释土地利用规划或生态保护政策在土地利用与生态系统服务相互作用中的实践价值，进而揭示生态系统服务与多层次人类福祉的耦合关系。国内研究侧重于探索土地利用数量变化、类型转换、空间格局变化等对生态系统服务空间差异的影响机理。与此同时，生态系统服务越来越多地被应用到土地利用规划的实践和研究中，新时代下实现自然资源的统一管理已成为人与自然和谐发展的必然要求。因此，对土地利用变化对生态系统服务的影响进行研究有助于深入探究土地利用与生态系统服务的作用机理，以制定有效措施提升土地利用管理的生态系统服务效益。

不同尺度上的土地利用/覆盖变化对生态系统服务提供能力具有不同方向、不同程度、不同空间范围的影响，一种土地变化方式有时会对多种生态系统服务产生不同程度的影响。有些小尺度的土地变化只会影响局地范围的生态系统服务提供能力，如城市用地的蔓延式扩张使不透水层面积增加、植被覆盖面积减少、破碎度增加，这成为城市区域热岛效应的主要影响因素[14]。同时，城镇化建设用地的增加也影响了生态系统的土壤保持能力和水文循环模式的调节功能，降低了土壤的截流降雨能力，导致下渗量减少、地表径流量增加、洪水次数增多，出现严重的城市内涝现象[15]。通过大幅度增加农业用地面积的区域虽然提高了粮食产量，但侵占了原本的自然植被覆盖，削弱了当地土壤水源涵养、水资源供给、水质调节、气候调节等功能[16]。

有些大尺度的土地覆盖变化不仅会影响当地的生态系统服务提供，而且会扩展到其他远离土地覆盖变化地区的区域乃至全球。如亚马孙流域地区森林的大肆砍伐不仅破坏了热带雨林生态系统对区域气候的调节能力，减弱了亚马孙地区水资源的平衡和流动，而且影响了整个南美大陆大部分地区的大气化学成分和气候调节模式，并且对全球生态系统的碳固定作用产生了巨大影响。值得注意的是，局部的土地利用/覆盖变化具有累积效应，如果对全球范围内的区域土地变化进行加总，很可能会对全球生态系统服务功能产生严重的影响，尤其是那些不可逆转的影响，如对生物多样性的破坏和土地退化等[17]。

由此可见，人类在通过土地利用活动增加某些生态系统服务提供的同时，常常会以牺牲其他方面的服务为代价。从长远角度来看，这些因人类的即时需求而被牺牲掉的生态系统服务功能对人类发展同等重要或更加重要。因此，如何协调人类需求与生态系统服务可持续供给之间的关系，成为实现可持续发展目标所面临的重要问题。

1.1.3 生态系统服务与区域可持续发展和人类福祉密切相关

确保对地球上生态系统的保护与可持续利用，是增进人类生存和推动可持续发展的重要保障。生态系统服务是将生态系统与人类可持续发展联系起来的重要纽带，受到了全球许多国家与科学研究组织的长期关注。

2001—2005年，联合国环境规划署（UNEP）等国际组织首次实施了千年生态系统评估（Millennium Ecosystem Assessment，MA）[18]。该项研究制定了生态系统服务与人类福祉的评估框架，推动了全球范围研究人员、学者及民众对生态系统服务的理解与重视，是一次里程碑式的生态系统服务研究项目，将生态系统服务研究推向了高潮。继千年生态系统评估项目之后，生态系统与生物多样性经济学（The Economics of Ecosystems and Biodiversity，TEEB）项目从经济学和生态学角度发展了生态系统服务与人类福祉关系的理论框架，指出全球生物多样性和生态系统服务的经济利益，强调生物多样性损失所带来的巨额成本。该研究致力于在国家尺度上将生态系统服务融入政策制定中，以实现贫困缓解、补贴制度改革、土地利用管理、保护区管理、生计等人类可持续发展目标。

面对世界范围内不断加剧的生物多样性流失及生态系统服务退化等问题，联合国环境规划署于2012年正式批准建立了生物多样性和生态系统服务政府间科学政策平台（Intergovernmental Science-Policy Platform on Biodiversity and Ecosystem Services，IPBES），旨在对有关生物多样性和生态系统服务的关联进行定期评估。与千年生态系统评估不同的是，IPBES更加重视社会、经济、生态、机构四大系统的内在联系，致力于政策的制定与执行。2015年9月，联合国可持续发展峰会通过《2030年可持续发展议程》，正式通过了截至2030年的17个可持续发展目标（Sustainable Development Goals，SDGs），其中多个目标在强调未来对生态系统的保护与可持续利用的重要性，旨在解决社会、经济、生态环境三个维度的发展问题，更加重视全球生态系统与人类社会经济的可持续发展。

在全球变化背景下，中国作为人口众多、资源消耗巨大的发展中国家，面临经济发展和生态环境保护的双重压力[19]。面对近几年出现或加重的生态环境压力（如雾霾、洪水、极端气温），实现经济增长与生态环境协同发展成为我国发展战略的新需求。生态问题已成为经济发展、社会进步、文明建设所面临的重大挑战，对经济和社会可持续发展具有重大影响。2011年，我国正式发布《全国主体功能区划》，在对不同区域的资源环境承载能力、现有的开发密度和发展潜力等要素进行综合分析的基础上，以自然环境要素、社会经济发展水平、生态系统特征以及人类活动形式的空间分异为依据，划分出具有某种特定主体功能的地域空间单元。具体将国土空间划分为优化开发、重点开发、限制开发和禁止开发四类，确定主体功能定位，明确开发方向，控制开发强度，规范开发秩序，完善开发政策，逐步形成人口、经济、资源环境相协调的空间开发格局。主体功能区划既是我国对生态环境资源实施的有力管控，也是实现人与环境可持续发展的重要战略举措。2012年，党的十八大报告明确提出大力推进"生态文明建设"的战略决策，提倡树立尊重自然、顺应自然、保护自然的生态文明理念，首次将生态文明建设纳入现代化建设"五位一体"总布局中，首次强调要"加强生态文明制度建设"，走可持续发展道路。2015年10月，随着党的十八届五中全会的召开，增强生态文明建设首度被写入国家五年规划。生态文明建设已成为我国实现可持续发展亟须解决的现实问题和重大战略政策。2017年，党的十九大报告进一步强调和落实"绿水青山就是金山银山"的发展战略，坚持人与自然和谐共生的可持续发展道路，并指出加快生态文明体制改革、建设美丽中国已成为新时期全社会发展的重要目标。

1.1.4 京津冀协同发展对生态系统监测与管理提出要求

京津冀城市群作为我国重要的经济、人口、文化、科技中心之一，承担着经济增长、产业转型、科技创新的重要任务。随着京津冀城市群的快速发展，人口增加、城市化和产业发展对建设用地和生态环境资源的需求越来越大。快速城市化发展所导致的土地资源过度开发、自然与半自然生态用地缩减、生态系统服务下降等一系列生态环境问题，已经成为京津冀城市群可持续发展的障碍和制约因素。《京津冀协同发展规划纲要》指出要在生态环境保护方面实现率先突破，生态环境问题已成为政府、学者和公众共同关注的焦点。面对生态用地缩减而社会发展对生态系统服务需求不断增加的现实矛盾，京津冀城市群急需寻求有效提升生态系统服务可持续性供给的发展模式。京津冀城市群生态系统服务的空间格局如何？发生了怎样的变化？哪些自然和人文因素在影响生态系统服务的变化？这些问题的回答已成为准确把握京津冀城市群生态系统服务可持续性供给的关键问题。

建设用地的扩张对自然（如林地、湿地）、半自然生态用地（如耕地、牧草地）的数量、结构、格局产生了显著影响。一项关于京津冀城市群的研究发现，1990—2000年城市土地面积扩大了约71%，其中74%来自对农业用地的占用[20]。另外，天津、河北沿海地区的填海造地活动对海岸河口的湿地和滩涂生态系统也产生了影响。在土地利用/覆盖变化的同时，也引发了生态、环境、资源等方面的变化。例如，2010年北京的人均水资源存储量为300 m^3，是中国城市平均值的12.5%，仅为世界平均水平的3%，京津冀全区的人均水资源拥有量仅为中国平均水平的1/7。人口压力、水资源紧缺、产业调整与生态环境保护之间的矛盾已成为长期制约京津冀城市群发展的主要限制因子[21]。研究表明，2001—2009年京津冀城市群除了供给服务之外，其他多数服务功能呈现不同程度的下降或退化[22]。面对京津冀城市群社会经济发展与生态环境矛盾的不断激化，如何在经济增长的同时维持生态系统的健康发展[23]，使生态系统服务能够满足区域可持续发展，已成为京津冀城市群亟待解决的重要现实问题。通过对土地利用/覆盖变化及其生态系统服务的研究来支撑区域生态问题的监测与管理，是解决该问题的重要途径之一。

推动京津冀协同发展是一项国家重大战略，京津冀协同发展战略要求坚持生态优先，推进产业结构调整，建设绿色、可持续的人居环境，实现经济、社会、生态三大系统的一体化发展。生态协同是京津冀城市群协同发展的基底[24]，在区域尺度上对生态系统服务进行深入研究有助于推进区域性生态建设一体化。在京津冀协同发展的战略指导下，为进一步加快生态文明建设，河北省为此专门出台了《关于加快推进生态文明建设的实施意见》，提出截至2020年初步建成京津冀生态环境支撑区的目标，资源节约型和环境友好型社会建设取得重大进展。因此，对京津冀城市群的土地利用/覆盖变化及生态系统服务进行研究，可为促进该类区域经济-社会-生态系统的协同发展提供科学基础。

1.2 研究意义

1.2.1 理论意义

从理论上来讲，本书的研究有利于探索一个人文地理学视角的理论分析框架。本书深入探析行为主体认知差异、政策制度、社会经济发展在土地利用变化对生态系统服务影响过程中所发挥的作用。将人文地理学对社会、经济、文化因素的研究优势融入土地利用变化对生态系统服务影响的尺度效应研究中，突出人文地理学与自然地理学、生态学的学科交叉优势在土地利用变化与生态系统服务研究领域的重要作用。从长远角度评估和审视满足人们即时需求与维持生态系统提供产品与服务能力之间的平衡。社会－生态系统具有复杂性、非线性、空间异质性和适应性等特征，人类在对社会－生态系统的管理过程中通常会面临诸多无法预测的状况。为了实现未来生态系统服务对人类需求的可持续性供给，我们需要了解维持生态系统服务现状和塑造其未来发展轨迹的驱动因素和反馈机制、生态系统服务之间的相互作用机制和权衡协同关系、诱发生态系统服务具有现实价值的社会系统与生态系统之间的相互作用关系等。而对于这些关系的深刻认识和理解，需要从自然科学和社会科学两个角度来考虑，寻找土地学、生态学与地理学优势的结合点，从地理学视角理解生态系统服务的内涵，完善生态系统服务的评估方法，增加对不同尺度区域的生态系统服务案例研究。

1.2.2 实践意义

从人地相互作用关系的规律来看，本书的研究有助于促进土地利用空间结构、生态系统服务空间模式与区域社会经济的优化配置，推动实现区域"生态文明建设"的发展目标。土地利用变化是指由于土地特性自身变化及人类个体或群体作用方式变化引起的土地利用方式、覆盖和使用程度的变化，体现了自然系统提供生态系统服务与社会系统内化消费之间的动态关系[25]。生态系统服务是人类社会发展不可或缺的系统和要素，人类主要通过不同的方式、在不同的空间进行土地利用活动来获取和使用生态系统所提供的产品和服务，即土地利用/覆盖变化是人类需求刺激下生态系统服务发生变化的主要途径和表现。而生态系统所提供的产品和服务又具有多样性和空间分布非均衡性，人类需求结合生态系统的固有属性和特征促使某些生态系统服务呈现出稀缺性特征。土地利用改变了生态系统结构、功能与生态系统服务变化，在以地理学家为主体的土地利用变化研究中，已经把土地利用变化对生态系统服务的影响作为一项重要研究内容。与此同时生态系统服务越来越多地被应用到土地利用规划的实践和研究中[26]，新时代下实现自然资源的统一管理已成为人与自然和谐发展的必然要求。以合适的方式监测土地利用/覆盖、评价生态系统服务变化，有助于我们更全面地衡量区域综合发展水平，推动土地资源的合理使用、生态系统服务的可持续提供、社会经济发展需求的优化配置，满足国家"生态文明建设"的发展需求。

从对管理决策的现实指导意义来看，本书的研究有利于科学制定土地管理决策，协调社会经济发展需求与生态系统服务提供能力的平衡关系，为区域可持续发展提供理论支撑。作为全球可持续研究所涉及的重要科学问题之一，生态系统服务已成为国际地理学、生态学及相关学科研究的前沿和热点[27]。改革开放以来，中国经历了城市化与社会经济的快速发展，生态环境在为我们提供至关重要的社会经济利益的同时，某些对人类福祉至关重要的生态系统服务出现下降，生态系统服务供给受到人类经济社会发展的严重影响[28]。提升生态系统服务综合效益、协调社会经济发展与生态系统服务供给之间的关系已成为可持续发展的重要任务[29]。面对转变经济发展方式、促进生态环境恢复、推动精准扶贫战略的时代需求，党的十八大报告将生态文明建设作为"五位一体"之一，党的十九大报告进一步强调和落实"绿水青山就是金山银山"的发展战略，坚持人与自然的和谐共生，并指出加快生态文明体制改革、建设美丽中国已成为新时期全社会发展的重要目标。因此，为实现社会、经济、生态的可持续发展，急切需要增强对土地资源和生态系统的有效管理，帮助我们选择更好的可持续发展路径。制定有效措施来提升土地利用管理的生态系统服务效益有助于缓解生态系统服务稀缺对社会经济发展的限制，对推动生态文明建设、实现区域可持续发展至关重要。基于土地利用变化对生态系统服务的影响研究有助于深入探究土地利用与生态系统服务的作用机理。

1.3 国内外相关研究进展

1.3.1 尺度的基本概念

自20世纪60年代以来，地理学就对尺度问题特别重视。尺度本质上是自然界所固有的特征或规律，人类在对自然过程感知的基础上建立了用于观察、测量、分析、模拟和调控各种自然过程的空间、时间、数量或分析的维数。土地利用变化对生态系统服务的影响研究具有地理学和生态学的学科交叉属性，其格局、时空变化、机理及决策管理等均具有强烈的空间尺度效应，涉及生态系统尺度、人文系统尺度、地理空间尺度等，涵盖了自然、社会、生态、经济、文化等系统，空间尺度因素的作用远比预期更加具有多变性和复杂性，需要集成地理学、生态学、环境科学等多学科进行交叉研究。因此，理解空间尺度在不同学科领域中的概念与内涵，是开展LUCC对生态系统服务影响研究的重要前提和基础。

在地理学中，空间尺度是研究对象和过程在空间上的表征，是用于信息搜集和处理的空间单位，是由空间范围决定的一种格局变化[30]。地理学研究空间现象或过程必须明确空间尺度。地理学对LUCC和生态系统服务的尺度概念侧重于从空间视角揭示其区域差异性和空间依赖性。然而，不同分支学科对空间尺度的概念理解又不相同。地理学对尺度的概念界定通常有以下含义：在地图学中，尺度被定义为地图影像距离与实际对应距离之间的关系，即比例尺；遥感科学中的空间尺度通常指最小空间分辨率单元；自然地理学对不同空间尺度或层次的区分主要来自系统论观点，对尺度的界定通常与自然地理现象的空间范围即自然地理系统的规模和边界相联系；人文地理学对尺度的内涵存在两种代表性观点，一种是把尺度作为一种真实的物质性存在，另外一种是把尺度作为表达人类对世界理解的一种方式。人文地理学中的空间尺度通常指行政等级单元，包括全球、国家、城市、县域、社区、街道、家庭等。

生态学中的尺度更加具有多样性和复杂性。吕一河等将生态学中的尺度分为本征尺度和量测尺度[31]：本征尺度是自然要素独立于人类控制之外的固有属性；量测尺度是用来测量过程和格局的一种感知尺度。尺度研究的根本目的是通过选择适宜的量测尺度来揭示本征尺度中的规律性。生态学中的量测尺度包括粒度、幅度和范围：从空间尺度来看，粒度是指景观中最小可辨识单元所代表的特征长度、面积或体积；幅度是指研究区域的空间范围；范围采用幅度与粒度之比来表示，是一个无量纲数据。作为与土地利用/覆盖和生态系统服务最为密切的学科领域，土地变化科学与景观生态学主要采用幅度和粒度来表征尺度[32-33]。《千年生态系统评估报告》将生态系统服务的空间尺度界定为观测、分析或过程所涉及的空间幅度。

根据上述概念界定，生态学中的大尺度（Coarse Scale）指大空间范围，往往对应于地理学或地图学中的小比例尺和低分辨率。小尺度（Fine Scale）则常指小空间范围，往往对应于地理学或地图学中的大比例尺和高分辨率。通常大空间尺度（幅度）对最小单元（粒度）的分辨率要求较小，但往往容易遗漏局部细节信息。小空间尺度对最小单元的空间分辨率要求较高，但容易忽视那些更大尺度上的变化所带来的跨尺度影响。

1.3.2 土地利用/覆盖监测与时空变化

1）数据来源

获取高空间分辨率的土地利用/覆盖数据以匹配生态系统服务空

间数据,是准确评估土地利用/覆盖变化主导下生态系统服务变化的关键。目前,全球已有多套不同空间分辨率的土地利用/覆盖数据(表1-1)[34],由于数据生产者各自使用不同的验证框架和参考数据,这些产品的精度验证结果各不相同,也不具有可比性。国内外学者在不同区域对这些数据产品的精度进行了验证和比较分析研究。国内除了对全球数据的中国子数据集进行完善之外,还生产了中国范围内的WESTDC和ChinaEco100数据:WESTDC数据是中国科学院以2000年中国1:10万土地利用数据库为基础,结合其他数据补充缺少的信息,同时开展分类系统的转换,制备的一套新的数据集;ChinaEco100数据是在1990年、1995年、2000年、2005年和2010年卫星遥感数据的基础上,结合地面调查研发的连续25年每5年间隔的中国生态系统数据集,具有多时段的优势。

表1-1 全球土地利用/覆盖数据集基本信息

数据集名称	分类系统	分辨率	数据源年份	卫星和传感器
国际地圈-生物圈计划的全球土地覆盖数据(IGBP-DISCover)	17个类别	1 km	1992—1993年	美国国家海洋和大气管理局(NOAA)/超高分辨率辐射仪(AVHRR)
马里兰大学的全球土地覆盖数据(UMD)	14个类别	1 km	1992—1993年	美国国家海洋和大气管理局(NOAA)/超高分辨率辐射仪(AVHRR)
波士顿大学的全球土地覆盖数据(MODIS)	14个类别	1 km	2000—2001年	美国国家海洋和大气管理局(NOAA)/超高分辨率辐射仪(AVHRR)
欧盟联合研究中心的全球土地覆盖数据(GLC2000)	22个类别	1 km	1999—2000年	地球观测系统卫星(SOPT)/植被传感器(VEGETATION)

2014年,中国成功研制出了首套全球30 m空间分辨率的地表覆盖数据(GlobeLand30)产品[35],将同类全球产品的空间分辨率提高了10倍以上,为全球和区域尺度的土地利用/覆盖研究提供了高精度数据资料。该数据产品包括2000年和2010年两个时相,包括10个类别,即耕地、林地、草地、灌丛地、湿地、水体、建设用地、裸地、永久冰雪、苔原,全球总体分类精度达到80%以上[36]。已有学者利用GlobeLand30产品进行了全球和区域尺度上的土地利用/覆盖变化研究[37]。陈军等从GlobeLand30中提取出城乡建设用地,并对全球城乡建设用地的空间分布与变化进行了分析,研究结果

表明GlobeLand30可以为以人类活动为主的土地变化研究提供翔实的信息和知识[6]；张宇硕等利用GlobeLand30对西伯利亚地区的地表覆盖变化进行了分析，研究发现利用GlobeLand30可以快速、有效地对大区域的地表覆盖分布和变化进行监测和分析[38]；杨洋等基于GlobeLand30对环渤海地区耕地资源的损失过程进行了分析，研究表明GlobeLand30能够有效揭示耕地资源的损失流向、质量及空间特征[39]。通过GlobeLand30产品的广泛应用研究可以看出，GlobeLand30可以为包括生态系统服务、环境规划、气候变化、水资源过程等方面的诸多研究和政策制定提供重要的基础信息[40]。

对于大尺度区域而言，由于采用遥感影像进行土地利用/覆盖的解译成本较高，所以通常可以从已有的全球数据产品中提取出研究所对应区域的产品成果进行研究。对于小尺度区域而言，为了减小由于全球数据产品在某些局部区域存在精度较低问题所造成的误差[41]，众多学者在研究中通过对遥感影像进行人机交互的解译方式来获取小尺度研究区的土地利用/覆盖数据，并对解译结果进行总体精度和卡帕（Kappa）系数的检验，以达到遥感影像解译的精度要求。

2）研究方法

利用土地利用/覆盖数据可以进行土地变化的监测与分析。通常采用的分析方法主要包括各个地类的面积变化量和变化率、地类之间的转换、土地变化的未来情景预测。在不同尺度上，土地利用/覆盖类型的面积变化量和变化率可以表征土地变化的基本方向，反映土地变化的结构和总体态势。土地利用动态度可以反映土地利用变化速率的区域差异[42]，广泛应用于土地利用变化特征的研究中。

对于两个时相之间的土地利用/覆盖数据而言，该时段内各个地类之间的相互转换既是土地类型面积变化的直接原因，也是复杂驱动力影响下土地利用/覆盖变化的表现，通常利用马尔可夫（Markov）链转移矩阵的原理来表征地类之间的转换关系。Markov链是描述随机过程的经典方法，从20世纪90年代起，我国学者就开始使用该方法对区域土地利用变化趋势进行研究，该方法已被广泛应用于土地利用/覆盖变化研究。

对过去土地利用/覆盖变化的研究是为了更好地指导未来土地利用和可持续管理的政策与方向。因此，未来土地利用变化的情景预测已成为土地变化研究的重要方法。不同的预测模型适用于不同的空间尺度，如小尺度土地利用变化及效应（Conversion of Land Use and Its Effects at Small Regional Extent，CLUE-S）模型更适合较小尺度区域的模拟研究。国内外大量研究已经证明，模型模拟和情景分析是优化土地利用结构的有效方法。CLUE-S模型是在土地利用变化及效应（CLUE）模型基础上开发的土地利用模拟模型。相比于 CLUE 模型，CLUE-S 模型在小区域具有更高的精度，主要体现在不同的区域范围和空间分辨率上。CLUE-S 模型的核心原理是基于逻辑斯蒂（Logistic）回归的区位适宜性，并运用系统论的方法模拟不同土地类型随时空变化过程中的竞争关系和相互作用的经验性分析。全球环境综合评价（The Integrated Model to Assess the Global Environment, IMAGE）模型更适用于全球或大洲尺度的研究，彼得·韦伯格（Peter H. Verburg）等利用 IMAGE 模型和 CLUE-S 模型在对欧洲未来的土地利用变化动态进行了分析[43]。预测模型方法有助于深刻理解土地利用/覆盖系统的动态变化，但在具体使用时需要从根源上理解和认识模型的概念、原理及空间尺度的适用性，对模型进行合理选择和使用才能为土地管理提供有效的理论指导。

3）时空变化分析

在过去 30 年中，全球土地利用/覆盖变化的步伐在加快，相关的研究取得了重大进展。在全球尺度上，土地变化的研究主要集中在为气候变化、粮食安全、可持续发展等提供有价值的基础信息方面。在全球人口增长和消费水平提高的压力下，食物需求量逐年增加，迫使大量森林被开垦为农业用地，表现为一些区域（如巴西亚马孙地区）呈现森林减少、农业用地增加的状况[44]。21 世纪以来，发展中国家面临迅速的城市化。2000 年，全球城镇人口超过 29 亿人，几乎占世界人口的一半[45]，据联合国人口司的不完全统计，城市建设用地占地球陆地面积的 2%～3%。全球建设用地呈增长迅速趋势，2000—2010 年全球城乡建设用地面积的增长率约为 5.08%，其中，中国和美国新增城乡建设用地约占全球的一半。城市用地的扩张需占用自然、半自然生态用地，在城市化发展迅速的地区，城市建设用地已经扩散到周围的农村地区，对全球变化和可持续发展产生了重要影响，未来全球城市用地需求的预测研究已成为土地利用/覆盖变化及其影响的重要内容。研究发现，土地利用/覆盖快速变化具有明显的区域差异性，如温带地区耕地面积减少，而热带地区耕地面积增加。

在国家尺度上，已有很多学者对中国的土地利用/覆盖变化进行了系统研究，其研究内容主要集中在对国土资源的监测和变化趋势的分析上。例如，刘纪远等对中国 20 世纪 80 年代至今的土地利用时空格局、变化特征及驱动因素进行了长期深入的跟踪研究[46]。研究发现，21 世纪以来中国城乡建设用地增长迅速，主要在黄淮海平原、东南沿海地区与四川盆地，城市用地扩张已经对社会经济和生态环境产生了一系列影响。

在区域尺度上，已有研究主要揭示了区域人类活动与土地利用/覆盖变化之间的相互作用关系。研究区域主要集中在土地利用/覆盖变化的"热点"区域，如与区域生态环境保护密切相关的高原地区、流域地区、干旱半干旱地区等，以及人类活动对土地利用/覆盖产生显著影响的快速城市化地区。区域尺度上的土地利用/覆盖变化模式具有高度的空间异质性[47]。范泽孟等对黄土高原生态系统过渡带土地覆盖进行的时空变化分析发现，在1985—2005年，研究区的耕地面积平均每10年减少0.93%，而湿地、水体、林地和草地的面积则平均每10年分别增加3.47%、0.24%、0.06%，结果表明生态系统过渡带区域土地覆盖的转换率明显高于非过渡带区域[48]；吴琳娜等对基于北洛河流域土地利用变化的人类活动响应进行了分析，研究发现研究区内的人类活动通过土地利用方式对自然环境的影响在逐渐加大，主要表现为耕地和草地减少，而林地和城乡工矿用地增加[49]；冯异星等对基于新疆玛纳斯河流域土地利用变化的景观格局影响进行了研究，研究发现近50年来耕地和建设用地显著增加，而林地和未利用地减少，土地利用变化已经使流域景观格局发生了显著变化，使景观破碎度和多样性均呈增加态势，并提出应通过实现农业集约化来降低人类活动对景观生态功能的负面效应[50]；周艳等对长三角地区的土地扩张与人口增长关系进行了分析，研究发现长三角地区的土地扩张速度整体快于人口增长速度，土地扩张与人口增长之间呈现复杂的耦合关系，具有明显的阶段特征和显著的空间差异特征[51]。

在全球环境变化背景下，大尺度土地利用/覆盖研究的目的主要是为全球和区域环境变化提供科学基础。研究内容逐渐侧重于土地变化与气候、生态系统、环境等因素的耦合关系[52]，不仅揭示了土地变化本身所引发的区域生态环境问题（如荒漠化、水土流失、水资源短缺），而且更加重视土地变化对全球变化的影响[53]。中小尺度上的研究以往主要对土地资源数量、结构、空间分布和变化及驱动因素进行分析，为区域土地资源的合理配置提供决策依据，同时也越来越重视土地利用/覆盖变化的生态环境效应，土地利用/覆盖变化研究已成为揭示区域环境变化的重要途径。

4）尺度特征分析

土地利用/覆盖格局和过程具有尺度依存性特征。局地尺度上的土地利用活动可能会以累积性变化或系统性变化的方式在更大尺度上发挥作用。在某一时间段内，某一地类总量在大尺度上的变化与更小尺度上的变化趋势可能截然相反，如西伯利亚地区在2000—2010年的耕地总面积减少了约4 186 km^2，但在西西伯利亚的托木斯克州与克麦罗沃州交界处耕地却呈现增加态势。多尺度评估可以对不同尺度上的土地利用/覆盖进行空间、时间及因果关系方面的分析，有助于发现土地利用/覆盖变化的关键路径，从而将局地尺度和区域尺度的土地利用/覆盖动态联系起来，进而为土地可持续利用和管理提供依据。

土地变化的生态环境效应具有尺度特征。土地变化具有多方面的生态环境效应，如大气过程、水文过程、土壤侵蚀、生态系统服务等，从不同尺度对同一土地变化过程进行分析时，各生态环境效应的评估结果也会随尺度发生变化。研究中需要考虑土地变化的尺度与生态环境过程发生的尺度的匹配性。某一尺度上土地变化的生态效应研究通常会受到其他尺度的生态因素、社会因素及制度因素等相互作用的影响，这些影响对于研究土地变化及其生态环境效应至关重要。因此，只关注单一尺度容易漏掉这些相互作用和影响的信息。从多尺度的途径对土地变化及其对生态环境效应的影响进行评估，可以将不同尺度的土地利用/覆盖变化过程与生态环境效应的发生和作用过程联系起来。

土地系统的管理具有尺度特征。等级性和层次性是产生尺度问题的根源之一，自然地理要素和系统具有等级性和层次性，行政体系也具有等级性和层次性[54]。在土地利用管理与决策过程中，人类的直接措施与行为通常首先作用于局地尺度或微观尺度，然后逐步延伸到区域、国家及全球尺度。土地变化的作用尺度与人文过程的特征尺度通常不一致，对于不同级别的行政单元来说，在土地变化的分析中属于不同的尺度，因此会产生不同的管理决策和措施。有效适应的特征尺度不仅取决于人类改变经营实践的能力，而且取决于土地系统的结构变化过程。多尺度分析可以将土地利用/覆盖变化过程与社会决策过程联系起来，满足土地管理过程中对多空间单元决策协调的现实需求。已有研究对土地变化科学中的尺度问题进行了系统探讨，为不同尺度之间"连通性"关系的判别及在此基础上的尺度综合集成提供了独特的研究视角与完善的研究思路。

综上所述，在区域尺度上，土地利用/覆盖变化具有高度的空间异质性，需要从较大尺度与较小尺度同时开展研究。多空间尺度的研究能够反映土地利用/覆盖变化的实质，有助于找出系统中重要的变化动态，从而预测土地变化的未来情景。

1.3.3 生态系统服务评估与时空变化

1）概念界定

"生态系统服务"概念经历了几十年的演变和发展，学者们基于不同学科、不同研究视角、不同研究目的提出了不同的概念。最早与生态系统服务概念相近的"环境服务"概念是于1970年由"关键环境问题研究小组"（Study of Critical Environmental Problems, SCEP）在《人类对全球环境的影响》（Man's Impact on the Global Environment）著作中提出来的，该书列举了环境服务所包括的内容，如授粉、土壤保持、水质净化、气候调节、洪水控制、营养物质循环及大气组成等方面，这是首次提出与"生态系统服务"相近的概念。经过诸多学者的发展和补充，埃尔利希（Ehrlich）等于1981年在对"环境服务""自然服务"等相关概念进行梳理和总结后，将其确定为生态系统服务（Ecosystem Service）。这一概念得到学术界和公众的接受，并被广泛使用，随后有关生态系统服务的研究得到了较多关注。生态系统服务最初的研究不论是从概念上还是从研究内容上，相对侧重于生态系统与生态系统服务之间的相互关系。

20世纪90年代，戴利（Daily）和科斯坦萨（Costanza）的工作使生态系统服务研究取得了里程碑式的进展，掀起了国内外生态系统服务的研究热潮。1997年，戴利在其出版的专著《自然服务：社会对自然生态系统的依赖》（Nature's Services: Societal Dependence of Natural Ecosystems）中提出，生态系统服务是指自然生态系统及其物种所提供的维持和满足人类生命的环境条件和过程。它们可以维持生物多样性和各种生态系统产品（如海洋渔业、生物燃料、木柴、天然纤维、医药用品、工业原料等）的生产[55]。戴利的生态系统服务概念更加能够体现生态系统服务对人类福利的重要作用。同年，科斯坦萨等在《自然》（Nature）杂志发表的名为《世界生态系统服务和自然资本的价值》（The Value of the World's Ecosystem Services and Natural Capital）的文章中提出，不论是生态系统条件还是过程，是中间功能还是最终服务，只要能为人类福祉做贡献的都应该是生态系统服务。将生态系统产品（如食物）与服务（如同化废弃物）定义为人类直接或间接地从生态系统的功能中单重获得的各种惠益[56]。在这一阶段，学者对生态系统服务的研究更加关注生态系统服务对人类惠益的重要性。

《千年生态系统评估报告》认为，人类从生态系统获得的各种惠益都属于生态系统服务。这一概念使生态系统服务的概念更加易于理解，同时将生态系统服务与人类社会需求进行对接，把自然生态系统和人工生态系统都作为生态系统服务的来源，同时将有形惠益（产品）和无形惠益（服务）统一起来。这种调整主要考虑到在具体研究和实践中，有时难以确定某一种惠益究竟是"产品"还是"服务"，而且很容易忽略其他方面的无形惠益。

博依德（Boyd）等认为生态系统服务是被社会所利用、消费或享受后获得利益的自然组分，是自然界中直接产生人类福利的最终产物（如鱼类、植被、湖泊等物质或水质），但它本身并不等同于利益[57]。费希尔（Fisher）等认为生态系统服务是主动或被动生产人类福祉的那些功能[58]。生态系统与生物多样性经济学（TEEB）项目认为生态系统对人类福祉的所有贡献都可看作生态系统服务。伯克哈德（Burkhard）等认为，生态系统服务是生态系统结构和功能与其他方面的输入（自然或非自然）相结合后对人类福祉的贡献[59]。

不同的概念界定对生态系统服务产生的条件、过程、功能及惠益的侧重点不同。在生态系统服务概念的发展过程中，学者们越来越重视生态系统对人类需求与发展的重要性，生态系统服务概念越来越强调生态系统功能对人类福祉所产生的惠益。本书沿用《千年生态系统评估报告》中的定义，认为生态系统服务是人类从生态系统中获得的各种惠益。

2）分类体系

生态系统服务分类是对其进行评估和应用的基础和前提，便于对所有的生态系统服务进行评估和分析。学者们根据不同的标准、依据、研究视角等对生态系统服务进行了不同的分类，这些分类体系成为生态系统服务评估的重要依据。

1997年，戴利在其专著中列举了13类生态系统服务（表1-2），涵盖了主要的生态系统服务类型，表明了生态系统所提供服务的多样性从不同方面对人类福祉发挥作用。科斯坦萨依据生态系统的空间性、竞争性/排他性特征，将全球生态系统服务分为包括气体调节、气候调节、土壤形成、营养物循环等17类可再生的生态系统服务功能，不包括不可再生的矿物资源等，并于2008年提出了既侧重于价值评估又具有空间特征的全球生态系统服务分类方案[60]。千年生态系统评估基于生态系统服务与人类福祉关系的视角，将生态系统服务分为四大类：供给服务、调节服务、支持服务、文化服务。供给服务包括生态系统为人类提供的各种产品（如食物、纤维、燃料、淡水）；调节服务是生态系统维持生态过程协调的能力（如碳固定、气候调节、疾病控制、废物分解）；支持服务是为所有生态系统服务的实现提供基础的服务（如土壤形成、营养物质循环、初级生产力）；文化服务是指生态系统为人们提供的非物质惠益（如认知发展、娱乐消遣、美学体验）。千年生态系统评估的分类方式既融合了前人的分类观点，又在归纳各项服务、功能的基础之上明确了各项服务之间的关系。因此，该分类方式一经推出就得到了广泛的认同。千年生态系统评估的分类体系是为了能够对所有的生态系统服务进行分析，而不是建立一种分类方法。因此,其分类方法也存在一些不足,如服务类型之间存在广泛的重叠。

表1-2 戴利的生态系统服务类型

序号	生态系统服务类型
1	净化空气和水
2	减轻干旱和洪水
3	解毒和降解废物
4	生成与保护土壤和更新肥力
5	作物授粉
6	农业害虫控制
7	种子传播、营养物质转移
8	生物多样性维持
9	紫外线辐射保护
10	局部气候调节
11	极端气温事件缓解
12	支持多元文化
13	美学、人文、精神

针对千年生态系统评估分类体系存在的问题,以生态学家为主的学者们从生态系统服务定义和概念的角度提出了不同的分类方法(表1-3)。华莱士(Wallace)认为,由于对一些关键概念如生态系统过程、功能和服务的界定不够明确,导致已有的一些分类体系混淆了实现服务的过程(途径和手段)与服务本身(终极目标)。据此,他提出了用"生态系统利益"的概念来代替"生态系统服务",并从个人感知水平出发提出一个用于自然资源管理的分类体系,将生态系统服务分为以下四大类:充足的资源、灾故、疾病和寄生虫的防护,良好的自然和化学环境,以及社会文化满足与实现[61]。海恩(Hein)等认为生态系统服务的概念应当严格区分生态系统服务功能和服务,否则会产生严重的重复计算[62]。卡尔-戈兰(Karl-Göran)等根据生态系统服务对人类福祉的影响程度,提出将千年生态系统评估分类中的供给服务和文化服务合并为最终服务,将支持服务和调节服务纳入中间服务[63]。

表 1-3 生态系统服务分类方案

通用型生态系统服务分类方案		
生态系统服务类型	生态系统服务	文献来源
供给服务	粮食、淡水、薪材、纤维、生物化学物质、遗传资源	参考文献[18]
调节服务	气候调节、疾病控制、水资源调节、净化水源	
文化服务	精神和宗教、娱乐消遣、美学、教育、地方感	
支持服务	土壤形成、养分循环、初级生产	
供给服务	食物、木材、基因资源、医疗资源、装饰资源	参考文献[64]
调节功能	气体调节、气候调节、阻止扰动、水源调节、水源供给、土壤保留、土壤形成、养分调节、废物处理、授粉、生物控制	
信息功能	美学信息、休闲娱乐、文化艺术、精神和历史信息、科学教育	
提供生境功能	保育生境、基因库保护	
供给服务	陆地和海洋生物多样性、生物和非生物材料、饮用水、可再生和不可再生能源	http://www.cices.eu
调节服务	废物调节、流量调节、物理环境调节	
文化服务	审美、精神、娱乐和社区活动、信息与知识	

选择型生态系统服务分类方案		
生态系统服务类型	生态系统服务	文献来源
充足的资源	食物、氧气、水、能源	参考文献[61]
天敌、疾病和寄生虫的防护	保护其不受天敌捕食、病虫侵害	
良好的自然和化学环境	良好的温度、湿度、光照	
社会文化体验	精神/哲学满足感、社交、休闲娱乐、美学	
全球非临近	气体调节、气候调节、文化	参考文献[60]
局地临近	干扰调节、废物处理、授粉、生物控制	
有向性流动	水调节、水供给、沉积物调节、养分调节	
原位置	土壤形成、食物生产、原材料提供	
用户流动	基因资源、休闲娱乐、文化	
中间服务	土壤形成、初级生产力、养分循环、光合作用、授粉、害虫控制	参考文献[58]
最终服务	水调节、初级生产力	
最终受益	灌溉用水、饮用水、水电、食物、木材	

不同于以往的一维分类体系，学者们逐渐认识到生态系统分类体系需要区分生态系统服务与生态系统结构、过程和功能之间的复杂联系。德格鲁特（De Groot）从生态系统过程和功能的角度，依据生态过程和功能将生态系统服务分类调整为调节功能、提供生境功能、供给服务和信息功能四大类[64]，用栖息地服务代替支持服务。

随着生态系统服务在实践应用中对时空尺度、空间异质性和区域分异性的高度依存，地理学逐渐成为生态系统服务研究的学科支撑。波兹钦（Potschin）和海恩斯-杨（Haines-Young）在千年生态系统评估（MA）、生态系统与生物多样性经济学（TEEB）、环境与经济综合核算体系（SEEA）的生态系统服务分类方案的基础上提出了用于环境与经济综合核算的生态系统服务通用国际分类方案，逐渐重视地理学视角在生态系统服务评估中的重要作用[45]。费希尔等提出应区分用于人类福祉的生态系统中间服务、最终服务及最终的收益。地理学者认为生态系统服务的生成和维持综合了地理学的自然背景和人文因素，地理学的空间性和综合性特征能够增强对生态系统服务时空分异和驱动机制的了解，增强生态系统服务对现实决策的指导作用。国内以李琰等为代表的地理学者提倡建立生态系统服务研究的地理学范式，提出从地理学视角建立生态系统服务分类体系，并尝试性地提出了连接多层次人类福祉的生态系统服务分类框架[65]。该分类方法根据人类福祉所需要的自然要素、生态系统过程和功能、指向人类收益的服务组的链条式逻辑关系，将生态系统服务按照福祉构建、福祉维护、福祉提升分为三大类。地理学者对生态系统服务的研究进一步增强了生态系统服务在人类福祉中的应用性。

生态系统具有结构复杂性和功能多样性，很难找到一个普适性的生态系统服务分类方案既能囊括所有的生态系统服务类型，又能将各类生态系统服务严格区分。近几年，学者们更加注重根据生态系统的区域性特征和服务群体（或对象）的具体需求来进行生态系统服务分类。任何一种分类体系都存在或多或少的缺陷，但一个较好的分类方案需要与研究用途相一致，能够体现研究区的生态系统功能和服务特征，同时与人类需求和福祉有机结合，最终对现实决策发挥指导作用。

3）评估方法

（1）价值量法

人类财富和经济的可持续增长依赖于生态系统服务功能的维持。因此，决策者在决策过程中需要更多地考虑生态系统服务的基础性作用。学者们认为考虑生态系统服务的货币价值，是支持决策制定的必要工具。价值量方法体现了经济可持续增长目标下生态系统服务功能的重要作用，为经济-生态系统的可持续发展提供了重要信息。

目前，生态系统服务价值量方法可以大致分为两类：一类是基于单位面积价值当量因子的方法（简称当量因子法）。该方法始于 1997 年，科斯坦萨等在《世界生态系统服务和自然资本的价值》(The Value of the World's Ecosystem Services and Natural Capital) 文章中用该方法评估了全球 16 类生态系统、17 类生态系统服务的经济价值，并对价值系数进行了更新。该方法被国内外众多学者用来评估不同尺度（如全球、国家、局地）和区域（如人类活动密集区、流域、河口海岸）的生态系统服务价值。国内学者谢高地等参照科斯坦萨提出的方法，根据 200 多名中国生态学家的调查问卷和中国实际情况获取了中国 6 类陆地生态系统、9 类生态系统服务的价值当量，并采用该方法分别对中国和青藏高原生态系统服务价值进行评估[66]。谢高地等在最初研究的基础上，对生态系统服务功能价值当量表进行完善，将其更新为 14 类生态系统、11 类生态系统服务，并采用净生产力（NPP）、降水、土壤保持因子对单位面积生态系统服务功能价值当量进行了修正和改进[67]，并使用该当量表对 2010 年中国陆地生态系统服务价值进行了评估。该类方法生成了不同类型的生态系统服务当量，结合生态系统的土地利用/覆盖分布面积即可对生态系统服务价值进行评估。

研究者在使用科斯坦萨等和谢高地等的价值当量时相当于将生态系统服务产生的过程和功能看作"黑箱"，直接建立土地利用/覆盖类型和面积与生态系统服务价值系数的计算关系即可，数据需求量和计算量均较小。因此该方法被众多非生态学背景的研究者用来估算生态系统服务价值变化。但受生态系统空间异质性的影响，即使同样的生态系统类型也可能由于地表生物物理性质的不同而具有不同的生态系统服务参数。因此，在具体研究中学者们需要根据研究现状对该类方法的价值系数进行修正。国内外学者对该类方法一直存在一些争议，《自然》(Nature) 曾刊登了质疑科斯坦萨文章《世界生态系统服务和自然资本的价值》(The Value of the World's Ecosystem Services and Natural Capital) 中的评估方法的文章[68]。1998 年，科斯坦萨等也在《生态经济学》(Ecological Economics) 上发表文章公开承认其关于全球生态环境价值的估算只是初步尝试，还存在如下不足：存在太多关于自然资本形态和经济背景性质相同的假设；评估具有片面性，是静态的而不是总体平衡的和动态变化的；影子价格的选取从理论上和时间上存在不相关性[69]。

另一类是基于单位服务功能价格的方法（简称功能价值法）。国内欧阳志云等最早结合生态学与经济学对生态系统服务的内涵和定量评价方法的背景，对生态系统服务功能的经济价值及其与可持续发展的关系进行了研究[70]，将机会成本法、影子价格法、替代工程法等引入生态系统服务价值评估，探讨了基于生态系统结构与过程的生态系统服务价值评估方法，并在中国和区域尺度上进行了案例分析。该类方法假设生态系统服务功能的提供与市场经济背景下的成本投入、产品生产、市场交易等行为相似，赋予不同类型生态服务以不同的市场价格参数，实现生态系统服务的价值化评估。但该类方法的估算模型输入参数较多，需要大量的观测、调查、遥感数据，数据获取成本较高且难度较大，计算过程较为复杂，对每种服务价值的评价方法和参数标准较难统一。

价值量方法增加了生态系统服务评估的经济因子，估算了生态系统服务的货币价值，可以对不同时段、不同区域或不同土地利用/覆盖变化情景下的生态系统服务变化进行对比研究，便于不同生态系统服务之间进行加总和比较，能够在实际应用中为决策者提供较为直观的信息，但也引起了学者们的争论。首先，生态学家马克·萨格夫（Mark Sagoff）认为，对人类有益的那些生态系统产品和服务的经济价值并不能代替生态系统提供的所有服务的价值，这与经济学供需关系决定价格的理论相悖[71]。奥德姆（Odum）等也尖锐地指出用市场价格对生态系统服务功能进行评价将使生态系统的服务功能受到威胁[72]。其次，生态系统具有复杂性，价值量法的实施需要直接或间接地依赖于市场行为，受市场发展和数据获取的限制，只能够体现部分与现实活动有关的生态系统服务的价值，而许多生态系统服务和产品是普遍存在且免费的，没有现实的市场价格（如空气），容易遗漏那些对人类至关重要却缺乏市场价格的生态系统服务，不仅无法反映具有潜在作用的生态系统服务，而且无法捕捉到生态系统服务的未来变化趋势。最后，评价指标（生态系统服务类型）选取的随意性、评价标准的片面性、赋值的主观性和机械性以及漏算和重复计算等都容易导致评价结果的不确定性[73]。

（2）物质量法

物质量法通常以生态系统过程和功能为依据，能够客观反映生态系统服务的形成机理，体现社会-生态系统的相互作用关系，为人类与生态系统的可持续发展研究提供基础信息。已有大量研究采用物质量法对生态系统服务进行评估，学者们多在千年生态系统评估分类框架的基础上进行评估，因此将已有研究按照千年生态系统评估的分类框架进行整理（表1-4）。

表1-4　已有采用物质量法评估的生态系统服务

服务类型	指标	评估指标
支持服务	初级生产力	地上净初级生产力
	栖息地提供	生境质量
供给服务	食物	食物供给
		粮食生产
		畜牧生产
调节服务	空气质量调节	可吸入颗粒物（PM10）吸收量
		植被的PM10吸收能力
	侵蚀调节	防风固沙
		土壤对水蚀的保持
	气候调节	碳储存
	水资源调节	洪峰调节
	水源净化和废弃物处理	水源涵养
		水质净化
文化服务	休闲与生态旅游	森林休憩
		生态旅游

以上研究所采用的具体评估指标与估算模型如下：

初级生产力直接或间接地支持着生命体的生存与多样性，保持生态系统服务和产品的生产。可采用地上净初级生产力（ANPP）表示，计算公式如下：

$$ANPP = \int NDVI \times PAR \qquad \text{（公式1-1）}$$

式中，$NDVI$为归一化植被指数；PAR为光合有效辐射。

栖息地提供可以用生境质量来表示，通常利用生态系统服务和权衡的综合评估（InVEST）模型中的生境质量模块进行计算，即

$$Q_{xj} = H_j(1 - \frac{D_{xj}^z}{D_{xj}^z + k^z}) \qquad \text{（公式1-2）}$$

式中，Q_{xj}表示第j种土地利用/覆盖类型中第x个地块的生境质量；H_j为土地利用/覆盖类型j的生境适宜性；D_{xj}为土地利用/覆盖类型j中第x个地块所受的胁迫水平；k为半饱和常数，通常为D_{xj}最大值的一半；z为归一化常量，一般取值为2.5。

食物供给是生态系统为人类提供的最基本也是最重要的服务，对其的评估方法很多，通常利用统计年鉴中的粮食、肉蛋奶、油料、蔬菜等产量数据，再结合土地利用/覆盖分布和面积数据进行估算，即

$$P_x = \sum_{k=1}^{k}\sum_{c=1}^{c} A_{ckx} \times P_{ckx} \quad \text{（公式 1-3）}$$

式中，P_x 为区域 x 提供的食物总量；A_{ckx} 为区域内 c 类食物在土地利用/覆盖类型 k 中所占的面积；P_{ckx} 为 c 类食物在土地利用/覆盖类型 k 中的单位面积供给量。

粮食生产可以利用统计年鉴数据提供的粮食产量结合研究单元面积进行估算，即地均粮食产量。也有研究采用遥感技术手段，基于净生产力（NPP）数据对粮食生产服务进行估算，即

$$Y = HI \times NPP \times \alpha \quad \text{（公式 1-4）}$$

式中，Y 为粮食产量；HI 为收获指数；NPP 为生长季 NPP 总量；α 是碳含量转为干物质的系数。

可吸入颗粒物（PM）尤其是PM10的浓度对大范围区域空气质量和人类健康有很大影响，植被的PM10吸收能力是生态系统调节空气质量的重要功能。雷默（Remme）等根据宝威（Powe）和威利斯（Willis）对英国森林地区空气污染的死亡率研究，采用如下公式对植被的PM10吸收能力进行估算：

$$\text{PM}10 = AV_d tC \quad \text{（公式 1-5）}$$

式中，A 表示面积；V_d 表示土地利用类型的垂直沉积速率；t 表示时间步长；C 表示PM10的浓度。

防风固沙通常基于RWEQ模型进行估算，RWEQ模型是美国农业部（USDA）用来估算土壤风蚀程度的模型，多被研究人员引用进行防风固沙的估算，即

$$F = \frac{SL_{sv}}{SL_s} \times 100\% \quad \text{（公式 1-6）}$$

$$SL_{sv} = SL_s - SL_v \quad \text{（公式 1-7）}$$

式中，F 为防风固沙服务保有率；SL_{sv} 为防风固沙服务功能量，SL_s 为裸土条件下的潜在土壤风蚀量，采用RWEQ模型进行计算；SL_v 为植被覆盖条件下的现实土壤风蚀量，采用RWEQ模型进行计算。

土壤保持是生态系统通过其结构与过程减少由于水蚀所导致的土壤侵蚀的作用，是生态系统提供的重要调节功能之一。土壤保持功能主要与植被、地形、气候、土壤等因素有关，多采用通用土壤流失方程（USLE）进行估算。

碳储存是森林、草地等生态系统通过吸收大气中的二氧化碳

（CO_2），将其转换到植物、土壤或生物体中，是重要的气候调节服务。通常利用 InVEST 模型进行估算，即

$$\varphi_{xj} = \varphi_{xj}^{VA} + \varphi_{xj}^{VB} + \varphi_{xj}^{S} + \varphi_{xj}^{D} \qquad (公式 1-8)$$

式中，φ_{xj} 表示土地利用/覆盖类型为 j 的像元 x 的碳密度；φ_{xj}^{VA}、φ_{xj}^{VB}、φ_{xj}^{S} 和 φ_{xj}^{D} 分别表示土地利用/覆盖类型为 j 的像元 x 的植被地上碳密度、植被地下碳密度、土壤有机碳密度和死亡凋落物有机碳密度。

洪峰调节是生态系统调节极端降水对人类危害程度的能力，可采用如下模型进行估算（该模型计算的是一次降水事件后区域对洪水发生的贡献程度）：

$$T_y^c = \sum_{\forall y' \in c_y} (Z_{y'}/r_{iy'}\sqrt{\theta_{y'}^{\%}}) \qquad (公式 1-9)$$

式中，T_y^c 表示水从像元 y 流到 c 流域出口所用时间；$Z_{y'}$ 是 y 的长度；$r_{iy'}$ 是土地利用类型为 i 的像元 y 的粗糙度指数；$\theta_{y'}^{\%}$ 是 y 的坡度百分比。

水源涵养功能反映了生态系统对降水、土壤、蒸散等生态环境过程的协调作用，是生态系统的重要调节功能之一。森林生态系统的水源涵养功能是各项生态系统中的重要功能，杨国福等采用如下公式对水源涵养功能进行估算[74]：

$$WC_x = \sum_{i=1}^{n} A \times P_x \times K \times R_{x,i} \qquad (公式 1-10)$$

式中，WC_x 表示像元 x 的水源涵养量；A 表示像元面积；P_x 表示像元 x 的降水量；K 表示区域地表径流系数；$R_{x,i}$ 表示土地利用类型 i 的像元 x 的地表径流截留比例。

水质净化是森林、湿地等生态系统通过对水资源中的重金属等污染物进行吸收处理，使之能够为人类提供水源的功能。通常它采用 InVEST 模型的水质净化模块进行评估，即

$$retention_x = ALV_x \times filtration_x \qquad (公式 1-11)$$

式中，$retention_x$ 表示像元 x 的污染物保留量；ALV_x 表示像元 x 的养分载荷值；$filtration_x$ 表示像元 x 的污染物保留能力。通过计算污染物保持量与污染物阈值的差值，即得到该像元的水质净化服务量。每个像元的水质净化服务量 net_x 可以表示为

$$net_x = retention_x - \frac{thresh}{contrib} \qquad (公式 1-12)$$

式中，$thresh$ 是污染物在水体中的阈值；$contrib$ 是研究区的像元数。

森林休憩是文化服务中较易进行定量估算的功能，有学者采用林地面积占研究区总面积的百分比来估算。

生态旅游研究相对较少，拉德赛普-赫恩（Raudsepp-Hearne）等利用统计数据所提供的旅游者数量与研究区面积的比值，即单位面积的旅游人数进行估算[75]。

4）权衡关系

生态系统服务之间存在多重非线性的相互作用关系，人类活动在提高对某些生态系统服务供给的同时，会对其他服务类型产生影响。理解这些相互作用关系一直是生态系统服务研究所面临的巨大挑战。

多种生态系统服务之间的关系主要表现为权衡（Trade-offs）或协同（Synergies）关系，生态系统服务之间的权衡关系与协同关系的概念内涵已得到研究人员和学者们的认可。权衡关系增加某一种生态系统服务供给的同时导致了其他生态系统服务的减少，呈现此消彼长的关系。例如，人类根据自身需求增加了如食物、木材、纤维等生态系统产品的供给，但易引发营养物质循环、水质、栖息地提供等生态系统服务的下降[76]，即可认为食物（木材、纤维）的供给与营养物质的循环（水质、栖息地提供）之间存在权衡关系。协同关系是两种或多种生态系统服务同时呈现增强的情况。例如，对未开垦的土地进行保留可以提高农业产量增加的潜力，同时也有利于对授粉昆虫栖息地的保护[77]，说明这些生态系统服务之间存在协同关系。不同的生态系统服务类型在区域上具有不同的权衡或协同关系，即使是相同的生态系统服务在不同的研究尺度上也表现为不同的权衡或协同关系。

如何避免消极的权衡关系、促进积极的协同关系决定着生态系统服务在社会发展中的决策制定过程，也是事关生态系统服务和人类福祉可持续发展的至关重要的问题[78]。因此，制定科学、合理、具有实践指导作用的决策来尽可能地降低生态系统服务的社会成本，并提高其功能的多样性，同时能够实现综合效益的最大化，是具有重要意义的现实问题。对生态系统服务之间的权衡/协同关系进行评估是生态系统服务研究的重要内容，有助于保持生态系统服务的多功能供给，增强对人类福祉的贡献作用。

目前国内外已有众多学者基于不同的学科视角和研究尺度，采用不同的研究方法对生态系统服务之间的权衡/协同关系进行了研究。本内特（Bennett）等提出了一个基于生态系统服务驱动力和相互作用关系的概念框架，帮助我们理解多种生态系统服务之间的相互作用关系及这些关系背后的影响机制[79]，为生态系统服务权衡/协同研究提供了重要的理论基础。权衡/协同关系通常存在于多样化的生态系统服务之间，学者们对这些存在权衡/协同关系的多样化生态系统服务进行研究，并把它们归并为更加简明的"生态系统服务簇"[80]，出现了基于生态系统服务簇视角的研究方法，在不同尺度上得到了其他学者的认可和使用[81]。

生态系统服务权衡/协同的定量化研究方法主要包括四类：统计学方法、空间分析方法、情景模拟法和生态系统服务流动性分析方法[82]。统计学方法中应用最为广泛的是相关分析法和聚类分析法，该方法可用于分析生态系统服务类型之间的数量关系，有助于确定生态系统服务管理的优化方案。空间分析方法是揭示生态系统服务/权衡时空尺度特征的重要途径，有助于确定生态管理决策的空间位置，已成为生态系统服务研究中的重要方法。而且，随着千年生态系统评估工作对生态系统服务空间异质性、区域差异性的重视，生态系统服务研究逐渐呈现出清晰的"地理学"转向。诸多学者运用地理学的理论、方法和技术对生态系统服务的权衡关系进行了研究。情景模拟法通过不同情景下生态系统服务的空间格局和时空变化来预测生态系统服务的权衡/协同关系的动态变化[83]，有助于对不同生态系统服务进行对比分析。生态系统服务流动性分析方法为生态系统服务需求、供给、传输的空间格局特征和尺度效应提供分析手段，目前主要涉及粮食生产、渔业养殖等少数服务类型的权衡研究，对于供给量和需求量均难以量化的生态系统服务（土壤保持、水源涵养、水质调节）的研究较少。以上四类方法从不同角度对生态系统服务的权衡/协同关系进行了定量化研究。

综上所述，生态系统服务权衡/协同关系已成为理解生态系统服务时空变化的重要内容。因此，在生态系统服务测度和评价的基础上，通过调节土地利用/覆盖的结构来实现生态系统服务之间的权衡与优化，是满足人类福祉可持续发展的重要基础。

1.3.4 考虑空间尺度的土地利用/覆盖变化对生态系统服务的影响

1）土地利用/覆盖变化对生态系统服务影响的尺度研究框架

土地利用变化是地理学的传统核心研究内容。土地利用变化主要包括转换和渐变两类：土地利用转换是指一种土地利用类型被另一种土地利用类型完全取代，如耕地转变为建设用地。渐变则是指某一土地利用类型性质上的变化，不会改变其整体分类，如过度放牧引起的草地退化。土地利用变化被认为是生态系统服务变化的重要驱动力之一。一方面，土地是生态系统的镶嵌体，土地利用的类型、格局及结构具有提供不同生态系统服务类型的能力；另一方面，在人类社会经济活动与决策的驱动下，土地利用方式、结构和空间配置均会对生态系统服务的供给能力、空间差异及其相互关系产生影响，而生态系统服务的变化又会对社会经济行为主体的认知与决策产生反馈作用。

地理学侧重于从空间视角揭示土地利用变化对生态系统服务影响的区域差异性和空间依赖性。近年来，国外研究已从客观上分析土地利用时空变化对生态系统服务的影响机理发展到从多行为主体认知的视角阐释土地利用规划或生态保护政策在土地利用与生态系统服务相互作用中的实践价值，进而揭示生态系统服务与多层次人类福祉的耦合关系。国内研究主要侧重于土地利用数量变化、类型转换、显性和隐性形态变化等对生态系统服务空间差异的影响[84]，为土地利用与生态系统服务的可持续管理提供了科学依据。其中李双成等提出了生态系统服务的地理学研究范式和优先主题，并对京津冀地区生态系统服务的供给和需求、权衡与管理政策、补偿机制等进行了系统研究和深入探索，为地理学框架下的生态系统服务研究提供了有效的理论基础和范式指导[85]。

千年生态系统评估构建了一个间接驱动力—直接驱动力—生态系统服务—人类福祉的多尺度概念框架[18]，将局地尺度土地利用/覆盖作为生态系统服务变化的直接驱动因素之一，并强调该过程在局地、区域、全球尺度中的传递作用。该框架为不同尺度土地利用/覆盖、生态系统服务、人类福祉的关系研究提供了规范化工具和系统化思路。伯克哈德等从景观视角提出了多源数据—生态系统服务供给—专家判断—数据建模的链条式概念框架[59]，强调土地利用/覆盖数据和空间尺度识别在生态系统服务评估中的重要性。李琰等基于空间与区域视角提出了土地利用/覆盖—生态系统服务级联框架[65]，强调土地类型、结构及分布与生态系统服务供给和消费、权衡和优化之间的尺度传递与反馈作用。

自然和人文因素的交互耦合为土地利用/覆盖对生态系统服务影响的框架构建提供了重要的切入点。然而，目前研究多从土地资源的自然属性切入，将土地作为生态系统服务的物质提供者。土地利用/覆盖主要作为生态系统服务变化的影响因素、驱动机制或调控手段，被嵌入以生态系统服务和人类福祉为主的框架中。对土地利用/覆盖所蕴含的社会人文因素对生态系统服务的影响仍然关注较少。

2）土地利用/覆盖变化对生态系统服务影响的尺度选择

空间尺度的选择不仅会影响评估结果，而且会影响一系列管理决策实施的空间范围和效果。LUCC对生态系统服务影响的尺度既包括土地利用/覆盖主导的空间范围，又涵盖生态系统服务形成、供给与需求的特征尺度，二者的最佳研究尺度并不总是一致。因此，研究尺度的选择是一个异常复杂的过程。研究尺度的选择通常是基于对研究对象的先验性描述或按照研究惯例预先设定的，具有一定的主观性。目前的尺度选择依据大致可归为两类：一类是以土地利用/覆盖时空特征或行政管理的空间范围为依据。例如对于以建设用地扩张为主导形式的研究区，通常选择单个城市或城市群为研究尺度。另一类是以生态系统服务供给、需求、流动及管理所涉及的空间范围为依据。

综合土地利用/覆盖和生态系统服务的空间尺度选择依据、作用范围及尺度依存性特征，可将已有研究中的空间尺度分为全球、区域和局地三类。各尺度的研究区域类型多样，具体研究所选择的幅度和粒度不尽相同。其中，区域尺度的研究区域类型和数量远多于全球和局地尺度，主要包括以省、市、县（区）为主的行政辖区，以城市群、经济区为主的社会经济功能区，以生物多样性保护为主的生态功能区，按自然条件划分的流域、高原、山地、盆地等自然地理单元。行政辖区属于管理决策尺度，区域内部具有社会经济活动的相似性和管理决策的相对一致性，有利于综合探究人类活动、生态系统服务、人类福祉的复杂联动效应。尤其大中尺度的研究更是便于将研究结果与高层次机构的政策制定联系起来。社会经济功能区或生态功能区具有系统内要素、结构和功能的连通性，已成为土地利用/覆盖对生态系统服务影响的重要研究区域。自然地理单元内部的生态系统结构、过程与功能具有联系性、系统性与完整性，有利于揭示土地利用/覆盖与生态系统服务形成、维持、流动之间的作用机制。

确定研究尺度时需要对粒度和幅度加以区分和说明。空间粒度可根据遥感影像分辨率、数据重采样格网大小、最小行政区划单元等划分为不同类型。相对而言，空间幅度更加明确和便于统一。在具体研究中，选择哪些尺度还会受到研究问题、研究对象、数据来源、研究方法、决策管理及其尺度依赖性的影响。

3）土地利用/覆盖变化对生态系统服务影响的尺度特征

土地利用/覆盖变化是影响生态系统服务的重要因素，其类型、格局、强度等均会对生态系统服务产生不同程度的影响，且这些影响都具有强烈的尺度依赖性。在不同尺度上，土地利用变化状况存在较大差异，且行为主体对土地利用变化与生态系统服务关系的认知水平、组织机构的决策管理模式各异。土地利用变化对生态系统服务的影响方式和机制也会随尺度发生变化。单一尺度所揭示的影响机制往往存在片面性，而且研究尺度与决策尺度的不匹配导致研究结论在实践管理中的指导作用存在很大局限性。因此，在多层次决策需求的背景下，从多空间尺度上对基于土地利用变化的生态系统服务影响机制进行研究十分必要。国内外研究已从不同尺度就土地利用变化对不同类型生态系统服务的影响过程和机制进行了研究，并为生态系统服务可持续供给导向下的土地利用优化与调控提供了科学依据与决策建议。

通过对全球尺度土地利用类型转换或渐变的监测实现对全球气候变化与生态健康状况的分析和预测。伯克哈德等基于景观提供生态系统服务能力的研究视角，提出了基于土地覆盖（Land Cover）评估的概念和方法论框架，并以德国的哈雷－莱比锡地区为案例进行了应用分析，研究表明土地利用/覆盖变化的条件、结构、问题、时间尺度、空间尺度等因素在现实研究中远比预期更加具有多变性。在区域尺度上，主要揭示土地利用/覆盖对关键生态系统服务分布与变化的影响，开发适宜区域发展的土地与生态决策支持工具。对于不同的研究单元或类型区域，人类的生计方式和生态认知存在较大差异，使得土地利用与生态系统服务关系研究的侧重点明显不同[59]。索海尔（Sohel）等采用生态系统服务评分矩阵结合土地利用/覆盖变化的方法，对孟加拉国劳拉卡拉（Lawachara）国家公园的生态系统提供能力进行评估，研究表明国家公园内的热带混交常绿林提供了最为广泛的生态系统服务，其次是人工种植的茶园和橡胶林，公园边缘人工用地的生态系统服务提供能力最低[86]。李宝杰等就中国南京市城镇扩张对生态系统服务的影响进行了研究，研究发现，拥有大量绿色植被的区域具有很高的碳储存和减少空气污染的能力，城镇用地和工业用地区域具有较低的食物供给、碳固定、水土保持及人居环境适宜性，城市周围乡村居住用地的扩张和大量农业用地的废弃导致了水土保持、碳储存、食物供给能力的降低[87]。张宇硕等对京津冀城市群2000—2010年生态系统服务的经济价值变化进行了研究，发现10年间城镇区域建设用地的扩张占用了周围大量耕地，而天津、河北、山东的部分沿海地区的填海造地和水产养殖等人为活动导致滨海湿地和滩涂面积减少，引发耕地和湿地生态系统服务的经济价值下降[88]。局地尺度上土地利用对生态系统服务影响的系统性研究是政府部门顶层制度设计的科学基础。局地行为主体通过利用和调整土地资源所提供的产品和服务维持生计，生计方式的多样化与演变使居民点用地模式、耕地经营管理模式、土地流转等发生显著的区域分化，并会对更大尺度群体的生态感知、行为差异、选择偏好等产生重要影响。

可以看出，大尺度研究强调土地利用变化对作为一种社会经济资本的生态资产所产生的影响，中小尺度研究则更加侧重于家庭、个人或组织机构的行为与决策对生态系统服务的作用机制。人口、教育、社会阶层、政策法规、城市化、经济水平等社会经济因素的区域差异与多元化发展，导致人类对不同类型的生态系统服务存在着选择偏好[89]，小尺度上这些因素会直接影响生态系统服务供给与需求的权衡关系。直接影响生态系统服务变化的因素称之为直接驱动力，而激发决策制定的那些因素则为间接驱动力。已有研究对直接驱动因素和间接驱动因素对生态系统服务的影响机制进行了探究。生态系统服务变化中蕴藏着大量人类活动的信息，而土地利用/覆盖是人类活动与生态系统之间的一个"平衡力"。由于人类活动可以通过土地利用的传导作用影响生态系统服务,所以我们可以借助这种传导作用,通过管理和调整土地利用类型、空间格局、开发程度等来达到协调社会经济发展与生态系统服务之间的关系。已有研究发现,在一些热带的发展中国家(如巴西),通过提高利用那些尚未被利用的可耕作土地的粮食产量,可以实现对自然森林生态系统的保护。

4)土地利用/覆盖变化对生态系统服务影响的尺度关联

首先,LUCC对生态系统服务影响的尺度特征不仅表现在单一尺度上,而且表现在不同尺度之间的空间关联上。某一尺度上的LUCC对生态系统服务的影响过程通常与其他尺度存在关联。一方面,局地尺度上的土地利用状况不仅取决于当地的人类活动与决策措施,而且受到国家生态政策、全球气候变化甚至全球贸易市场的影响。另一方面,LUCC对生态系统服务的直接影响通常发生在局地或微观尺度,这些变化可能会以累积性或系统性的方式在更大尺度上产生影响。尤其是那些不可逆转的影响,如生物多样性破坏和土地退化[10]。目前,LUCC对生态系统服务的影响尚缺乏稳定的尺度关联规则。即使是同一生态系统服务在不同尺度上的变化方向、速率或空间特征也不尽相同,既可能呈现规律性,也可能是不确定性。

其次,行政体系的等级性使LUCC对生态系统服务影响的尺度问题变得更加复杂[54]。不同等级层次的管理决策在实施过程中往往被采取一刀切的方式,甚至出现不同等级行政单元之间的决策存在矛盾的现象,从而引起生态系统服务管理中的政策冲突。社会系统和生态系统各有自己的等级序列与特征尺度。政治或社会经济系统内部的行政等级体系之间存在相互作用,生态和环境系统内部的要素或空间范围之间存在尺度关联,具体研究中还需要考虑两个系统、不同尺度之间的相互影响及对应关系。

最后,任何单一尺度都会受到其他尺度上的社会因素、经济因素或决策因素的交互影响。人口、教育、信息技术、城市化、经济水平等社会经济因素越来越呈现区域差异性与多元化,不同利益主体对生态系统服务的选择偏好存在显著的尺度差异[89]。这些因素属于不受决策者控制的外部驱动因素,会通过激发不同等级行政体系的土地决策而对生态系统服务产生跨尺度影响。因此,在决策时要综合考虑这些因素的作用。

5)土地利用/覆盖变化对生态系统服务影响的尺度分析方法

目前针对不同的研究视角、研究目标、研究对象及研究尺度,土地利用变化对生态系统服务影响的研究方法不同,主要可分为以下三类：

第一类方法是生态系统服务的价值当量因子法。将土地类型等价于生态系统类型，在土地利用变化与生态系统服务价值时空特征分析的基础上，通过土地利用类型与生态系统服务价值当量表中二者的类别对应关系，分析土地利用数量和类型变化对生态系统服务数量、类型及格局的影响机制。由于生态系统服务具有高度的异质性与复杂性，所以价值当量因子法的评估结果往往存在很大的不确定性。

第二类方法是以土地利用变化数据和模型模拟为主。将土地利用调查数据、遥感数据、社会经济统计数据及生态监测数据相结合，利用定性分析、概念模型、模拟模型或情景预测等方法，就土地利用或管理方式的转变过程对生态系统服务产生的影响进行研究。例如，劳勒（Lawler）等采用土地利用、土地交易价格、农产品价格等数据来建立计量经济学模型，对美国土地市场交易与土地类型转换的相互作用过程进行了分析[90]。该类方法需要建立长时间序列的土地利用数据，对土地利用类型划分和精度要求较高。通过土地利用数据构建的生态系统服务量化模型能够直观地反映土地利用变化对生态系统服务的影响，对土地利用管理决策具有直接的指导作用。

第三类方法是相关分析、回归分析等统计学方法。通过数值统计分析来确定LUCC与生态系统服务的关系[91]。为深入探究土地利用变化对生态系统服务的综合效应，通过构建综合指标体系与多元回归模型的方法来辨识自然和人文因素对生态系统服务的影响[92]。

对于那些存在尺度依赖性的因素，会在土地利用变化对生态系统服务的影响机制中产生空间尺度效应。土地利用与生态系统服务影响研究中一个很大的难题是如何分析与理解不同尺度之间的联系，即尺度效应。因此，需要利用适当的方法对不同尺度之间的数据与过程进行转变、综合和集成。目前，主要通过尺度转换来解决尺度效应这一难题。尺度转换包括"尺度上推"和"尺度下推"，其中明确尺度依赖性因素的尺度推绎规则至关重要。在已有研究中应用最为广泛的尺度转换方法主要是图示法、回归分析法、半变异函数法、空间自相关法、小波分析法及遥感和地理信息系统技术等[51]。图示法能够在定性和定量结果分析的基础上，以可视化的形式将多个尺度生态格局和过程及其相互作用的变化规律直观地表现出来。回归分析法通过使用其他空间指标来指代尺度因素作为回归模型的自变量，分析某一事物的空间尺度差异。半变异函数也称为半方差函数，是地理统计学中用来描述区域化变量空间连续变异性质的函数。半变异函数法通过测算两点空间属性的变异程度与两点的间距关系来描述要素的分布特征，可以在多个尺度上对区域随机变量的空间变异性进行量度。空间自相关分析法可以利用莫兰（Moran）指数、吉尔里（Geary）指数和克里夫－奥德（Cliff-Ord）指数来表征空间尺度变化所带来的空间自相关程度的变化。小波分析法能以离散或连续的方式在不同尺度上刻画因子的空间分布特征、厘定因子间的联系程度。遥感和地理信息系统技术使尺度效应的研究得到了更多的数据源、空间分析方法和技术支持，为尺度上推和尺度下推及多尺度集成研究提供了方法支撑，为不同层次土地利用与生态环境管理机构提供了有效的决策支持工具。尺度转换方法为尺度效应研究提供了有效的量化工具。然而，对于那些不能够进行尺度推绎的变量，即含义仅仅被限定在某一特定尺度上的变量，通常可以将不同尺度概念相关的变量组合起来进行"定性的尺度化"。尺度问题具有复杂性和非线性，不同方法具有各自的适用性和局限性。

作为地理学、生态学、土地科学、管理学等学科的交叉研究领域，土地利用变化对生态系统服务的影响研究在数据整合、量化方法、空间分析、决策调控等方面均取得了重要进展，促进了该领域由认知层次向更加注重可持续管理决策层次的不断发展。研究视角呈现多元化，研究内容与研究方法趋于广泛化和实证化，为今后相关研究提供了重要的研究思路与方法借鉴。

1.4 研究框架、研究内容及技术路线

1.4.1 研究框架

人类社会系统、土地利用系统及生态系统之间的关系具有复杂性、系统性、综合性及空间异质性。在实践中，如果只从生态系统本身的角度对所面临的生态系统问题进行维护和管理，可能难以达到具有现实指导作用的目的。因此，需要在人类社会系统、土地利用系统、生态系统作用关系的概念框架基础之上，对现实中生态系统服务存在的问题进行挖掘和剖析，使之能够为人类提供更加优化的生态系统服务（图1-1）。

合理的空间尺度选择是区域协同发展战略有效实施的重要前提，土地利用／覆盖和生态系统服务是区域协同发展的重要内容。为了界定区域土地利用／覆盖和生态系统服务管理的有效空间尺度，从多个尺度对土地利用／覆盖和生态系统服务及二者关系进行了分析和研究。基于地理学人－地关系地域系统理论和空间分析视角，结合生态学方法与理论，以土地利用／覆盖变化如何对生态系统服务变化产生影响为问题指向，对人类活动影响下的多尺度土地利用／覆盖分布

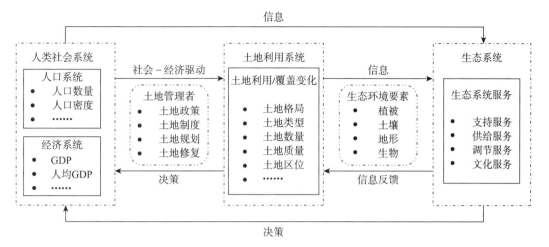

图 1-1 土地利用/覆盖变化主导下的生态系统服务变化概念框架
注：GDP 为国内生产总值。

格局和时空变化特征进行了系统分析，对多尺度的生态系统服务空间格局、时空变化、权衡关系进行了量化和分析，对土地利用/覆盖变化、社会发展、经济增长等对生态系统服务的影响进行了综合分析，为区域土地利用管理、社会-生态系统的可持续发展提供了科学基础和决策依据。

1.4.2 研究内容

1）土地利用/覆盖格局与变化分析

在全球 30 m 空间分辨率土地利用/覆盖数据的基础上，对 2000—2010 年研究区全区、省市、市域、县域、1 km×1 km 格网尺度上土地利用/覆盖空间格局、变化方向、变化程度、变化位置等进行了深入分析。多尺度分析有利于防止信息的遗漏或夸大，同时 1 km×1 km 尺度能够刻画研究区时空上的复杂性和变异性，为揭示土地利用/覆盖变化对生态系统服务的影响提供了重要的系统信息。

2）生态系统服务的时空变化与权衡

根据研究区社会经济发展状况、土地利用/覆盖特征、生态环境现状与问题，在千年生态系统评估框架的指导下，选择能够反映研究区生态系统服务需求与供给特征的生态系统服务类型。针对这些生态系统服务类型的评估方法，搜集和整合 2000 年、2010 年研究区不同空间分辨率的遥感影像、地形、气象、土壤等数据，建立生态系统服务估算数据库，在此基础上运用生态系统服务估算模型对各类生态系统服务进行估算，分析和评价省市、市域、县域、1 km×1 km 格网尺度上四类生态系统服务的空间分布、变化程度、空间位置及权衡关系。

3）生态系统服务变化的影响因素分析

基于土地利用/覆盖变化、生态系统服务估算结果与时空变化，从人类活动对生态系统服务产生影响的视角，构建由土地利用/覆盖因素、社会因素、经济因素共同组成的综合指标体系，从定性、定量、定位的角度分析生态系统服务的影响因素及其变化特征。

1.4.3 技术路线

围绕研究内容、研究目标及拟解决的关键科学问题，依据"格局—过程—机制—调控"的逻辑思路，在地理学、生态学及交叉学科的学科理论与方法指导下，以多尺度分析为切入点，在观测访谈、遥感影像解译技术、实地调研、GIS 空间分析技术、Python 语言（一种跨平台的计算机程序设计语言）、统计产品与服务解决方案（SPSS）统计分析、计量经济模型等方法与技术的支持下，系统分析土地利用/覆盖变化对生态系统服务的影响，并提出响应的解决途径（图 1-2）。

第 1 章参考文献

[1] RAMANKUTTY N, FOLEY J A. Estimating historical changes in global land cover：croplands from 1700 to 1992[J]. Global Biogeochemical Cycles, 1999, 13（4）：997-1027.

[2] RAMANKUTTY N, EVAN A T, MONFREDA C, et al. Farming the planet：1. Geographic distribution of global agricultural lands in the year 2000[J]. Global Biogeochemical Cycles, 2008, 22（1）：1-19.

[3] LAMBIN E F, GEIST H J, LEPERS E. Dynamics of land-use and land-cover change in tropical regions[J]. Annual Review of Environment and Resources, 2003, 28（1）：205-241.

[4] 刘纪远，张增祥，徐新良，等. 21 世纪初中国土地利用变化的空间格局与驱动力分析[J]. 地理学报，2009, 64（12）：1411-1420.

[5] 杜国明，匡文慧，孟凡浩，等. 巴西土地利用/覆盖变化时空格局及驱动因素[J]. 地理科学进展，2015, 34（1）：73-82.

[6] 陈军，陈利军，李然，等. 基于 GlobeLand30 的全球城乡建设用地空间分布与变化统计分析[J]. 测绘学报，2015, 44（11）：1181-1188.

[7] SCHNEIDER A, MERTES C M. Expansion and growth in Chinese cities, 1978-2010

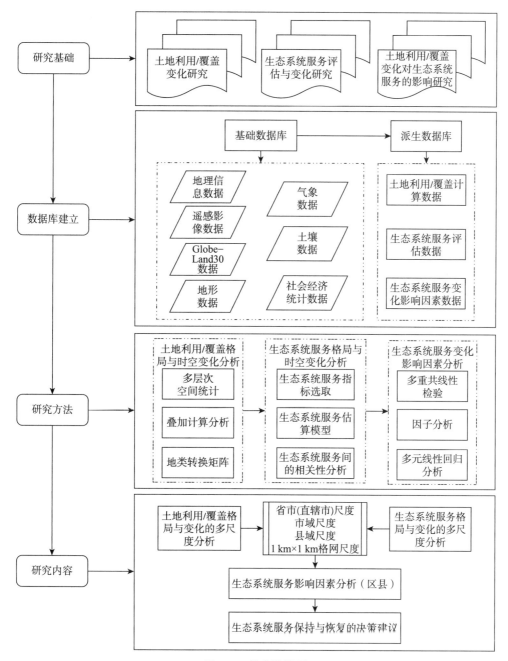

图1-2 技术路线图

[J]. Environmental Research Letters, 2014, 9(2): 1-11.

[8] SHRESTHA M K, YORK A M, BOONE C G, et al. Land fragmentation due to rapid urbanization in the Phoenix Metropolitan Area: analyzing the spatiotemporal patterns and drivers[J]. Applied Geography, 2012, 32(2): 522-531.

[9] FEARNSIDE P M. Deforestation in Brazilian Amazonia: history, rates, and consequences[J]. Conservation Biology, 2005, 19(3): 680-688.

[10] FOLEY J A, DEFRIES R, ASNER G P, et al. Global consequences of land use[J]. Science, 2005, 309(5734): 570-574.

[11] FU B J, WANG S, SU C H, et al. Linking ecosystem processes and ecosystem services[J]. Current Opinion in Environmental Sustainability, 2013, 5(1): 4-10.

[12] BURKHARD B, KROLL F, MULLER F, et al. Landscapes' capacities to provide ecosystem services: a concept for land-cover based assessments[J]. Landscape Online, 2009, 15(15): 1-22.

[13] 傅伯杰, 张立伟. 土地利用变化与生态系统服务：概念、方法与进展[J]. 地理科学进展, 2014, 33(4): 441-446.

[14] 彭保发, 石忆邵, 王贺封, 等. 城市热岛效应的影响机理及其作用规律：以上海市为例[J]. 地理学报, 2013, 68(11): 1461-1471.

[15] 孙喆. 北京中心城区内涝成因[J]. 地理研究, 2014, 33(9): 1668-1679.

[16] CUMMING G S, BUERKERT A, HOFFMANN E M, et al. Implications of agricultural transitions and urbanization for ecosystem services[J]. Nature, 2014, 515(7525): 50-57.

[17] SETO K C, GÜNERALP B, HUTYRA L R. Global forecasts of urban expansion to 2030 and direct impacts on biodiversity and carbon pools[J]. Proceedings of the National Academy of Sciences of the United States of America, 2012, 109(40): 16083-16088.

[18] Millennium Ecosystem Assessment. Ecosystems and human well-being: current state and trends[M]. Washington, DC: Island Press, 2005.

[19] 侯萍, 王洪涛, 朱永光, 等. 中国资源能源稀缺度因子及其在生命周期评价中的应用[J]. 自然资源学报, 2012, 27(9): 1572-1579.

[20] TAN M H, LI X B, XIE H, et al. Urban land expansion and arable land loss in China: a case study of Beijing-Tianjin-Hebei region[J]. Land Use Policy, 2005, 22(3): 187-196.

[21] 封志明, 刘登伟. 京津冀地区水资源供需平衡及其水资源承载力[J]. 自然资源学报, 2006, 21(5): 689-699.

[22] 刘金龙, 马程, 王阳, 等. 基于径向基函数网络的京津冀地区生态系统服务脆弱性评估[J]. 北京大学学报(自然科学版), 2013, 49(6): 1040-1046.

[23] Peng J, Chen X, Liu Y X, et al. Spatial identification of multifunctional landscapes and associated influencing factors in the Beijing-Tianjin-Hebei region, China[J]. Applied Geography, 2016, 74: 170-181.

[24] 方创琳. 京津冀城市群协同发展的理论基础与规律性分析[J]. 地理科学进展, 2017, 36(1): 15-24.

[25] 李双成, 等. 生态系统服务地理学[M]. 北京: 科学出版社, 2014.

[26] 刘紫玟, 尹丹, 黄庆旭, 等. 生态系统服务在土地利用规划研究和应用中的进展: 基于文献计量和文本分析法[J]. 地理科学进展, 2019, 38(2): 236-247.

[27] COSTANZA R, DE GROOT R, SUTTON P, et al. Changes in the global value of ecosystem services[J]. Global Environmental Change, 2014, 26: 152-158.

[28] 傅声雷, 傅伯杰. 生态地理学概念界定及其经典案例分析[J]. 地理科学, 2019, 39(1): 70-79.

[29] 傅伯杰. 地理学: 从知识、科学到决策[J]. 地理学报, 2017, 72(11): 1923-1932.

[30] 傅伯杰. 地理学综合研究的途径与方法: 格局与过程耦合[J]. 地理学报, 2014, 69(8): 1052-1059.

[31] 吕一河, 傅伯杰. 生态学中的尺度及尺度转换方法[J]. 生态学报, 2001, 21(12): 2096-2105.

[32] 陈睿山, 蔡运龙. 土地变化科学中的尺度问题与解决途径[J]. 地理研究, 2010, 29(7): 1244-1256.

[33] 邬建国. 景观生态学: 格局、过程、尺度与等级[M]. 2版. 北京: 高等教育出版社, 2007.

[34] 吴文斌, 杨鹏, 张莉, 等. 四类全球土地覆盖数据在中国区域的精度评价[J]. 农业工程学报, 2009, 25(12): 167-173.

[35] CHEN J, CHEN J, LIAO A P, et al. Global land cover mapping at 30m resolution: a POK-based operational approach[J]. ISPRS Journal of Photogrammetry and Remote Sensing, 2015, 103: 7-27.

[36] BROVELLI M A, MOLINARI M E, HUSSEIN E, et al. The first comprehensive accuracy assessment of GlobeLand30 at a national level: methodology and results[J]. Remote Sensing, 2015, 7(4): 4191-4212.

[37] 曹鑫, 陈军, 陈利军, 等. 全球陆表水体空间格局与波动初步分析[J]. 中国科学(地球科学), 2014, 44(8): 1661-1670.

[38] 张宇硕, 陈军, 陈利军, 等. 2000—2010年西伯利亚地表覆盖变化特征: 基于GlobeLand30的分析[J]. 地理科学进展, 2015, 34(10): 1324-1333.

[39] 杨洋, 麻馨月, 何春阳. 基于GlobeLand 30的耕地资源损失过程研究: 以环渤海地区为例[J]. 中国土地科学, 2016, 30(7): 72-79.

[40] JOKAR ARSANJANI J, TAYYEBI A, VAZ E. GlobeLand30 as an alternative fine-scale global land cover map: challenges, possibilities, and implications for developing countries[J]. Habitat International, 2016, 55: 25-31.

[41] ARSANJANI J J, SEE L D, TAYYEBI A. Assessing the suitability of GlobeLand30 for mapping land cover in Germany[J]. International Journal of Digital Earth, 2016, 9(9): 873-891.

[42] 刘纪远, 张增祥, 庄大方. 二十世纪九十年代我国土地利用变化时空特征及其成因分析[J]. 中国科学院院刊, 2003, 18(1): 35-37.

[43] VERBURG P H, CROSSMAN N D, ELLIS E C, et al. Land system science and sustainable development of the earth system: a global land project perspective[J]. Anthropocene, 2015, 12: 29-41.

[44] VERBURG P H, EICKHOUT B, MEIJL H. A multi-scale, multi-model approach for analyzing the future dynamics of European land use[J]. The Annals of Regional Science, 2008, 42(1): 57-77.

[45] POTSCHIN M, HAINES-YOUNG R. Ecosystem services: exploring a geographical perspective[J]. Progress in Physical Geography, 2011, 35(5): 575-594.

[46] 刘纪远, 匡文慧, 张增祥, 等. 20世纪80年代末以来中国土地利用变化的基本特征与空间格局[J]. 地理学报, 2014, 69(1): 3-14.

[47] 蔡运龙. 土地利用/土地覆被变化研究: 寻求新的综合途径[J]. 地理研究, 2001, 20(6): 645-652.

[48] 范泽孟, 李婧, 岳天祥. 黄土高原生态系统过渡带土地覆盖的时空变化分析[J]. 自然资源学报, 2013, 28(3): 426-436.

[49] 吴琳娜, 杨胜天, 刘晓燕, 等. 1976年以来北洛河流域土地利用变化对人类活动程度的响应[J]. 地理学报, 2014, 69(1): 54-63.

[50] 冯异星, 罗格平, 周德成, 等. 近50a土地利用变化对干旱区典型流域景观格局的影响: 以新疆玛纳斯河流域为例[J]. 生态学报, 2010, 30(16): 4295-4305.

[51] 周艳, 黄贤金, 徐国良, 等. 长三角城市土地扩张与人口增长耦合态势及其驱动机制[J]. 地理研究, 2016, 35(2): 313-324.

[52] CLERICI N, PARACCHINI M L, MAES J. Land-cover change dynamics and insights into ecosystem services in European stream riparian zones[J]. Ecohydrology & Hydrobiology, 2014, 14(2): 107-120.

[53] TURNER B L, LAMBIN E F, REENBERG A. The emergence of land change science for global environmental change and sustainability[J]. PNAS, 2007, 104(52): 20666-20671.

[54] 刘云刚, 王丰龙. 尺度的人文地理内涵与尺度政治: 基于1980年代以来英语圈人文地理学的尺度研究[J]. 人文地理, 2011, 26(3): 1-6.

[55] DAILY G. Nature's services: societal dependence on natural ecosystems[M]. Washington, DC: Island Press, 1997.

[56] COSTANZA R, D'ARGE R C, DE GROOT R, et al. The value of the world's ecosystem services and natural capital[J]. Nature, 1997, 387(6630): 253-260.

[57] BOYD J, BANZHAF S. What are ecosystem services? The need for standardized environmental accounting units[J]. Ecological Economics, 2007, 63(2/3): 616-626.

[58] FISHER B, TURNER R K, MORLING P. Defining and classifying ecosystem ser-

vices for decision making[J]. Ecological Economics, 2009, 68(3): 643-653.

[59] BURKHARD B, KROLL F, NEDKOV S, et al. Mapping ecosystem service supply, demand and budgets[J]. Ecological Indicators, 2012, 21: 17-29.

[60] COSTANZA R. Ecosystem services: multiple classification systems are needed[J]. Biological Conservation, 2008, 141(2): 350-352.

[61] WALLACE K J. Classification of ecosystem services: problems and solutions[J]. Biological Conservation, 2007, 139(3/4): 235-246.

[62] HEIN L, VAN KOPPEN K, DE GROOT R, et al. Spatial scales, stakeholders and the valuation of ecosystem services[J]. Ecological Economics, 2006, 57(2): 209-228.

[63] KARL-GÖRAN M, ANIYAR S, JANSSON A. Ecosystem services special feature: accounting for ecosystem services as a way to understand the requirements for sustainable development[J]. Proceedings of the National Academy of Sciences, 2008, 105(28): 9501-9506.

[64] DE GROOT R S, ALKEMADE R, BRAAT L, et al. Challenges in integrating the concept of ecosystem services and values in landscape planning, management and decision making[J]. Ecological Complexity, 2010, 7(3): 260-272.

[65] 李琰, 李双成, 高阳, 等. 连接多层次人类福祉的生态系统服务分类框架[J]. 地理学报, 2013, 68(8): 1038-1047.

[66] 谢高地, 甄霖, 鲁春霞, 等. 一个基于专家知识的生态系统服务价值化方法[J]. 自然资源学报, 2008, 23(5): 911-919.

[67] 谢高地, 张彩霞, 张雷明, 等. 基于单位面积价值当量因子的生态系统服务价值化方法改进[J]. 自然资源学报, 2015, 30(8): 1243-1254.

[68] MASOOD E, GARWIN L. Audacious bid to value the planet whips up a storm[J]. Nature, 1998, 395(6701): 430.

[69] COSTANZA R, DARGE R C, DE GROOT R, et al. The value of ecosystem services: putting the issues in perspective[J]. Ecological Economics, 1998, 25(1): 67-72.

[70] 欧阳志云, 朱春全, 杨广斌, 等. 生态系统生产总值核算: 概念、核算方法与案例研究[J]. 生态学报, 2013, 33(21): 6747-6761.

[71] SAGOFF M. On the relation between preference and choice[J]. The Journal of Socio-Economics, 2003, 31(6): 587-598.

[72] ODUM H T, ODUM E P. The energetic basis for valuation of ecosystem services[J]. Ecosystems, 2000, 3(1): 21-23.

[73] 李文华, 张彪, 谢高地. 中国生态系统服务研究的回顾与展望[J]. 自然资源学报, 2009, 24(1): 1-10.

[74] YANG G F, GE Y, XUE H, et al. Using ecosystem service bundles to detect trade-offs and synergies across urban-rural complexes[J]. Landscape and Urban Planning,

2015, 136: 110-121.

[75] RAUDSEPP-HEARNE C, PETERSON G D, BENNETT E M. Ecosystem service bundles for analyzing tradeoffs in diverse landscapes[J]. PNAS, 2010, 107(11): 5242-5247.

[76] QIN K Y, LI J, YANG X N. Trade-off and synergy among ecosystem services in the Guanzhong-Tianshui economic region of China[J]. International Journal of Environmental Research and Public Health, 2015, 12(11): 14094-14113.

[77] MORANDIN L A, WINSTON M L. Pollinators provide economic incentive to preserve natural land in agroecosystems[J]. Agriculture, Ecosystems & Environment, 2006, 116(3/4): 289-292.

[78] BASTIAN O, HAASE D, GRUNEWALD K. Ecosystem properties, potentials and services: the EPPS conceptual framework and an urban application example[J]. Ecological Indicators, 2012, 21: 7-16.

[79] BENNETT E M, PETERSON G D, GORDON L J. Understanding relationships among multiple ecosystem services[J]. Ecology Letters, 2009, 12(12): 1394-1404.

[80] HAASE D, SCHWARZ N, STROHBACH M W, et al. Synergies, trade-offs, and losses of ecosystem services in urban regions: an integrated multiscale framework applied to the Leipzig-Halle region, Germany[J]. Ecology and Society, 2012, 17(3): 22.

[81] QIU J X, TURNER M G. Spatial interactions among ecosystem services in an urbanizing agricultural watershed[J]. Proceedings of the National Academy of Sciences of the United States of America, 2013, 110(29): 12149-12154.

[82] 戴尔阜, 王晓莉, 朱建佳, 等. 生态系统服务权衡: 方法、模型与研究框架[J]. 地理研究, 2016, 35(6): 1005-1016.

[83] 李双成, 张才玉, 刘金龙, 等. 生态系统服务权衡与协同研究进展及地理学研究议题[J]. 地理研究, 2013, 32(8): 1379-1390.

[84] 龙花楼, 曲艺, 屠爽爽, 等. 城镇化背景下中国农区土地利用转型及其环境效应研究: 进展与展望[J]. 地球科学进展, 2018, 33(5): 455-463.

[85] 李双成, 谢爱丽, 吕春艳, 等. 土地生态系统服务研究进展及趋势展望[J]. 中国土地科学, 2018, 32(12): 82-89.

[86] SOHEL M S I, AHMED MUKUL S, BURKHARD B. Landscape's capacities to supply ecosystem services in Bangladesh: a mapping assessment for Lawachara National Park[J]. Ecosystem Services, 2015, 12: 128-135.

[87] LI B J, CHEN D WU S, et al. Spatio-temporal assessment of urbanization impacts on ecosystem services: case study of Nanjing City, China[J]. Ecological Indicators, 2016, 71: 416-427.

[88] ZHANG Y S, ZHAO L, LIU J Y, et al. The impact of land cover change on ecosystem service values in urban agglomerations along the Coast of the Bohai Rim, China[J]. Sustainability, 2015, 7(8): 1-23.

[89] 赵文武, 刘月, 冯强, 等. 人地系统耦合框架下的生态系统服务[J]. 地理科学进展, 2018, 37(1): 139-151.

[90] LAWLER J J, LEWIS D J, NELSON E, et al. Projected land-use change impacts on ecosystem services in the United States[J]. Proceedings of the National Academy of Sciences of the United States of America, 2014, 111(20): 7492-7497.

[91] PENG J, TIAN L, LIU Y X, et al. Ecosystem services response to urbanization in metropolitan areas: thresholds identification[J]. Science of the Total Environment, 2017, 607/608: 706-714.

[92] OUYANG Z, ZHENG H, XIAO Y, et al. Improvements in ecosystem services from investments in natural capital[J]. Science, 2016, 352(6292): 1455-1459.

第1章图表来源

图1-1、图1-2源自：笔者绘制.

表1-1源自：笔者根据吴文斌, 杨鹏, 张莉, 等. 四类全球土地覆盖数据在中国区域的精度评价[J]. 农业工程学报, 2009, 25(12): 167-173 绘制.

表1-2源自：笔者根据 DAILY G. Nature's services: societal dependence on natural ecosystems[M]. Washington, DC: Island Press, 1997 绘制.

表1-3源自：笔者根据 HÄYHÄ T, PAOLO FRANZESE P. Ecosystem services assessment: a review under anecological-economic and systems perspective[J]. Ecological Modelling, 2014, 289: 124-132 绘制.

表1-4源自：笔者根据《千年生态系统评估报告》绘制.

2 研究区、数据来源及研究方法

2.1 研究区概况

京津冀城市群是我国重要的人口、经济、文化密集区,其地域范围包括北京、天津和河北省的石家庄、唐山、秦皇岛、保定、张家口、承德、沧州、廊坊、衡水、邢台、邯郸共13个城市(图2-1),总面积为21.5万 km^2,约占中国国土总面积的2.2%。该区属温带大陆性季风气候,年均温度为3℃~5℃。上述地区中的大部分地区四季分明,冬季寒冷少雪,夏季炎热多雨,年均降水量为304~750 mm。该区地势西北高、东南低,由西北向东南倾斜,西北部为山区、丘陵和高原且其间分布有盆地和谷地,西部为太行山山地,中部和东南部为广阔的平原。2015年,该区常住人口达到1.12

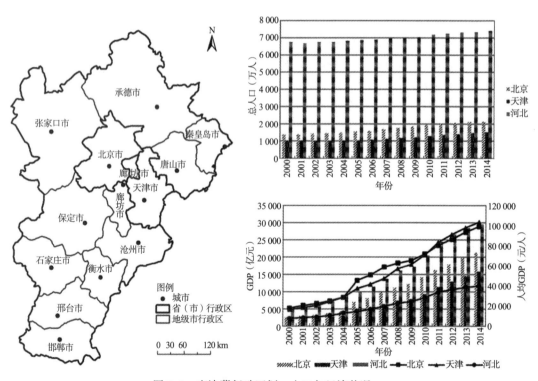

图2-1 京津冀行政区划、人口与经济状况

亿人，占全国总人口的8.1%；国内生产总值达到69 312.91亿元，占全国经济总量的10.2%，是中国东部沿海三大城市群之一。

京津冀城市群是全国主体功能区划的重点开发区，具有重要的战略地位。北京、天津、河北三省市在经济发展、产业结构、功能定位等方面均存在较大的差距，区域内部发展极不均衡。北京、天津的人口和经济规模均较大，使两市面临较大的生态、环境和资源承载压力。同时，北京和天津对河北的经济带动效应较弱，两市的产业结构和功能定位也限制了河北经济发展水平的提升，整体上制约了京津冀城市群人口、经济和生态环境的协调发展。因此，在京津冀协同发展的背景下，对京津冀城市群社会经济活动主导下的土地利用/覆盖变化与生态系统服务进行研究具有重要的现实意义。

2.2 数据来源与处理

数据库的建立过程包括多时相、多来源和多尺度数据搜集与归类过程，基础数据库生成，数据处理过程，派生数据库生成四个阶段（图2-2），下文分别展示了生成的基础数据库和派生数据库。

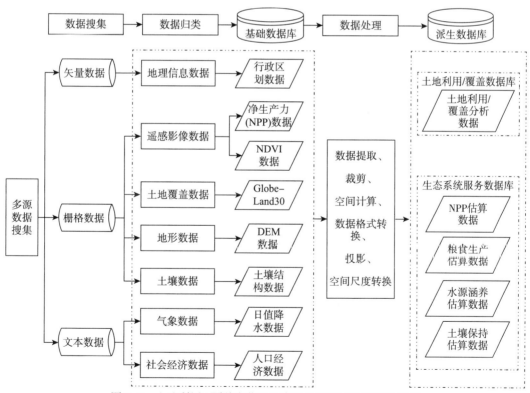

图2-2 土地利用/覆盖变化及生态系统服务变化研究数据库
注：NDVI为归一化植被指数；DEM为数字高程模型。

2.2.1 基础数据库

本书研究的基础数据包括基础地理信息数据、土地利用/覆盖数据、遥感数据、地形数据、气象站点数据、土壤数据、社会经济统计数据七大类（表2-1）。

表2-1 土地利用/覆盖变化及生态系统服务评估的基础数据

数据库	数据名称/格式	字段/单位	空间分辨率	数据来源
基础地理信息数据	省、市、县区划/shape	地名（NAME）/无单位	1:400万	中国科学院资源环境科学数据中心
土地利用/覆盖数据	GlobeLand30/img	地类编码（Value）/无单位	30 m	国家基础地理信息中心
遥感数据	净生产力/hdf	—/0.000 1 kgC·m^{-2}	500 m	美国国家航空航天署（NASA）陆地过程分布数据档案中心（LP DAAC）的MODIS17A3产品
	NDVI/hdf	—	250 m	美国国家航空航天署（NASA）陆地过程分布数据档案中心（LP DAAC）的MODIS13Q1产品
地形数据	DEM/tiff	m	90 m	美国国家航空航天署（NASA）和国防部国家测绘局（NIMA）发布的航天飞机雷达地形测绘任务（Shuttle Radar Topography Mission，SRTM）的DEM数据
气象站点数据	中国地面日值降水数据集/txt	日降水量/0.1 mm、年降水量/0.1 mm	监测站点	中国气象科学数据共享服务网
土壤数据	世界土壤数据集/tiff	沙粒含量（T_SAND）/%、粉粒含量（T_SILT）/%、黏粒含量（T_CLAY）/%、有机碳含量（T_OC）/%	1:100万	世界土壤数据库（Harmonized World Soil Database version 1.2，HWSD）
社会经济统计数据	统计年鉴/数值型	GDP/万元、人口/万人、粮食产量/t	城市和县（区）	中国县（市）社会经济统计年鉴、中国城市统计年鉴、北京统计年鉴、天津统计年鉴、河北统计年鉴

注：MODIS17A3是一种提供年度净初级生产的数据产品，具有500 m的空间分辨率，每隔8天提供一次；MODIS13Q1是一种陆地归一化植被指数的数据产品，具有250 m的空间分辨率，每隔16天提供一次。

2.2.2 派生数据库

在进行生态系统服务估算的过程中，需要对基础数据库中的一些空间数据进行栅格化和重采样处理，将遥感数据、地形数据、气象站点数据、土壤数据及根据这些数据进行二次计算的数据成果的空间分辨率统一为 1 km×1 km。为方便进行空间计算和叠加分析，地理坐标和投影全部统一为 1984 世界大地测量系统（WGS84）坐标系和阿尔伯特（Albert）投影，建立派生数据库。

1）土地利用/覆盖数据

从基础数据库的 GlobeLand30 中选择覆盖京津冀城市群的两期 GlobeLand30 图幅，两期图幅号分别为 2000 年的 n50_40-2000lc030、n50_35-2000lc030、n49_40-2000lc030、n49_35-2000lc030，2010 年的 n50_40-2010lc030、n50_35-2010lc030、n49_40-2010lc030、n49_35-2010lc030。覆盖京津冀地区的图幅包括八个地类：耕地、林地、草地、灌丛地、湿地、水体、建设用地、裸地（图 2-3）。该产品具体的土地利用/覆盖类型说明详见表 2-2。该数据产品的建设用地是指人工活动形成的由沥青、混凝土、沙石、砖瓦以及其他建材覆盖的地表类型，包括居民区（城市、乡镇、村庄）、交通、通信以及工矿等设施类型，不包括下垫面为土壤的城市绿地（如公园、高尔夫球场）和水体。

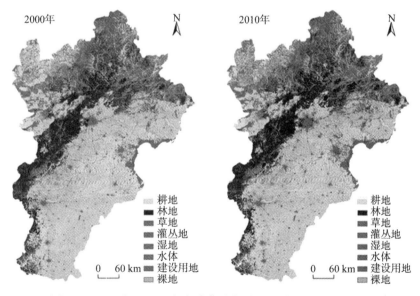

图 2-3 2000 年、2010 年京津冀城市群土地利用/覆盖分布图

表 2-2 GlobeLand30 产品土地利用/覆盖类型说明

类型	类型说明
耕地	一季小麦、两季小麦、玉米、一季水稻、两季水稻、大棚种植、牧草地、其他
林地	常绿阔叶林、落叶阔叶林、常绿针叶林、落叶针叶林、混交林
草地	非极地 C3 草地、C4 草地、灌丛草地
灌丛地	常绿阔叶灌丛地、落叶阔叶灌丛地
湿地	沼泽、森林湿地、其他湿地
水体	湖泊、水库、鱼塘、河流
建设用地	不透水层
裸地	盐碱地表、沙地、砾石地、岩石地、裸耕地、生物结皮

2）遥感数据

从 MODIS13Q1 产品中选取可覆盖京津冀的 h26v04、h26v05、h27v04、h27v05，将 2000 年和 2010 年内间隔 16 天的各期 NDVI 数据采用最大合成法获得研究区在 2000 年和 2010 年的 NDVI 数据。

3）地形数据

从 SRTM 数据中选取可覆盖整个京津冀的 srtm59_04、srtm59_05、srtm60_04、srtm60_05 数据进行拼接，利用 1∶400 万的中国矢量行政区划图裁剪获得京津冀 DEM 数据，数据分辨率为 90 m。坡度数据采用豪恩（Horn）二次曲面拟合算法在地理信息系统软件（ArcGIS）中通过空间计算获取。

4）气象站点数据

2000 年、2010 年京津冀城市群逐日降水量（0.1 mm）数据为 25 个气象观测点的测试结果。将气象站点区站号的经纬度数据导入 ArcGIS 数据库中，获取京津冀城市群 25 个气象站点的空间分布。利用气象站点的空间分布数据，对逐月、年均降水量分别进行克里金（Kriging）空间插值，获取 1 km×1 km 空间分辨率的栅格数据，数据类型为浮点型，数据格式为 tiff 格式，时间分辨率为月、年。

5）土壤数据

从世界土壤数据库的土壤数据中提取研究区范围内的土壤类型含量［砂粒、粉粒、黏粒含量（%）］、土壤有机碳含量（%）等数据。

6）社会经济统计数据

2000 年、2010 年京津冀城市和县域的经济和人口统计数据来自 2001 年和 2011 年的中国县（市）社会经济统计年鉴、中国城市统计年鉴、天津统计年鉴、北京统计年鉴、河北统计年鉴。

2.3 研究方法

随着生态系统服务研究的不断成熟，对生态系统服务进行多学科和跨学科研究的重要性日益凸显，地理学与其他学科的交叉一直是地理学者探索的方向。在地理学与土地科学、生态学交叉的基础上，发挥地理学对地表研究的综合性、注重人－地关系研究、擅长空间分析等方面的优势，利用生态学对生态系统服务概念、估算模型、评估方法等方面的研究成果，制定具有地理学研究特征的土地利用/覆盖变化及其生态系统服务评估方法。基于人文地理学的研究视角，本书从人类活动对土地利用/覆盖变化产生影响作为切入点，将土地利用/覆盖变化会对生态系统服务产生影响作为内容上的延伸，以土地利用/覆盖变化与生态系统服务的多尺度时空变化作为具体研究内容，在此基础上进一步分析土地利用/覆盖变化、社会、经济等综合因素对生态系统服务变化的影响作用，建立了人类活动—土地利用/覆盖变化—生态系统服务变化—人类活动的环状研究思路。

2.3.1 土地利用/覆盖统计与分析

基于 2000 年和 2010 年 GlobeLand30 地表覆盖数据，结合地理信息矢量边界数据、DEM 数据、1 km×1 km 格网，对京津冀土地利用/覆盖进行多尺度的空间统计和时空变化分析，旨在发现和揭示 2000—2010 年京津冀城市群土地利用过程中存在的问题。

1）土地利用/覆盖空间统计

为方便进行京津冀土地利用/覆盖空间分布与变化特征的多尺度分析，首先按京津冀全区、省（市）、市域三个尺度进行 2010 年土地利用/覆盖面积与占比的空间统计；其次，按 50 m 间隔的高程带统计 2010 年京津冀全区土地利用/覆盖的垂直分布规律；最后，按京津冀全区、省（市）、市域、1 km×1 km 格网三个尺度分析两期土地利用/覆盖的总量变化及变化的区域差异特征。

在制作 1 km×1 km 格网土地利用/覆盖动态变化数据的过程中，首先将 2000—2010 年 30m 空间分辨率土地利用/覆盖变化数据与 1 km×1 km 格网的矢量图叠加，获得每网格内每种土地利用/覆盖变化的面积比例，将其生成 1 km×1 km 格网的土地利用动态变化栅格数据。统计土地利用/覆盖的垂直分布时，从 DEM 数据中提取出京津冀的高程数据，按高程分级标准，把 DEM 中的高程重新分级,生成 100 m 间隔的京津冀高程分级图。利用 GIS 的空间分析工具(Spatial Analyst Tools)功能将地表覆盖栅格图与高程分级图叠加,生成新的图层,然后利用分区(Zonal)的面积制表(Tabulate Area)功能计算获取不同高程带的地表覆盖类型和面积数据。

2)土地利用/覆盖的变化分析

土地利用/覆盖类型的总量变化是衡量土地变化的基本因子,通过分析总量变化,可了解土地利用/覆盖变化的总态势和结构变化[1]。总量变化首先反映在不同地类的面积变化上,本书对区域内某一土地利用/覆盖类型在某一变化时期的变化量和变化率分别采用如下公式进行计算:

$$\Delta A = A_{2010} - A_{2000} \quad (公式\ 2\text{-}1)$$

$$R = (A_{2010} - A_{2000})/A_{2000} \times 100\% \quad (公式\ 2\text{-}2)$$

式中,ΔA 为某一地类两期的面积变化量;A_{2000}、A_{2010} 分别为 2000 年、2010 年某一地类的面积;R 为某一地类两期的面积变化率。

3)土地利用/覆盖的类型转换

地类之间的转换是土地利用/覆盖变化最直接的原因,土地类型之间的相互转换既是表征土地变化的有效方式,也是分析土地利用/覆盖直接变化原因的重要手段。利用马尔可夫(Markov)链地类转换矩阵可以实现对地类转换的定量计算,本书利用该模型来计算京津冀土地利用/覆盖类型转换矩阵[2]:

$$P_n = \begin{vmatrix} P_{11} & P_{12} & P_{13} & \cdots & P_{1n} \\ P_{21} & P_{22} & P_{23} & \cdots & P_{2n} \\ P_{31} & P_{32} & P_{33} & \cdots & P_{3n} \\ \vdots & \vdots & \vdots & \vdots & \vdots \\ P_{n1} & P_{n2} & P_{n3} & \cdots & P_{nn} \end{vmatrix} \quad (公式\ 2\text{-}3)$$

式中,P_{ij} 是地表覆盖类型 i 转化为类型 j 的转移概率,具有以下特点:$0 \leq P_{ij} \leq 1$,各元素非负;$\sum_{i=1}^{n} P_{ij} = 1$,即每行元素之和等于 1。

2.3.2 生态系统服务评估与分析

本书侧重于土地利用/覆盖变化主导下生态系统服务提供能力的可持续性。一般认为,生态可持续性与自然环境中的物质和能量循环相关[3],即在特定生态系统外总有一系列不断变化的环境因素影响生态系统功能[4],所以本书选择物理量评估方法,将生态因子和环境因子结合对生态系统服务进行估算。

1)生态系统服务指标选取

在千年生态系统评估(MA)提出的生态系统服务概念框架中,

生态系统服务主要分为支持、供给、调节和文化四类。考虑指标选择的科学性和广泛性，本书在对京津冀城市群生态系统服务类型进行选择的过程中，以千年生态系统评估中生态系统服务的分类方式为指导框架，以京津冀城市群面临的现实生态问题为切入点，在考虑数据的可获取性、科学性、合理性等因素的基础上，对京津冀城市群生态系统服务评估的类型进行选择。京津冀东南部的平原地区是华北平原的重要部分，属于中国重要的粮棉油生产基地，粮食生产服务是该区域长期存在的主要生态系统供给类型。参考已有研究中对京津冀城市群生态环境问题的分析[5]，京津冀城市群长期面临严重的水资源短缺、土壤侵蚀、荒漠化及大气污染等生态问题。考虑不同生态问题在京津冀城市群的重要性、可量化性及其在生态系统服务分类体系中的类型归属，将水资源短缺和土壤侵蚀问题作为生态系统服务类型选择过程中优先考虑的生态问题。

基于以上生态系统服务类型选择的依据，在 MA 生态系统服务概念框架的指导下，结合京津冀城市群自然地理、社会经济发展、生态环境问题等现状，选择京津冀城市群长期存在的、重要的、可量化的四类生态系统服务进行评估，具体包括：属于支持服务的植被净初级生产力、属于供给服务的粮食生产、属于调节服务的水源涵养和土壤保持。这些生态系统服务类型之间具有一定的独立性和内部一致性，且均有利于人类可持续发展，对其进行定量估算和空间分布、时空变化及权衡关系的分析具有重要的现实意义，有助于更加有效地指导京津冀城市群的生态环境改善，实现区域生态文明建设。

2）生态系统服务估算模型

依据生态系统服务评估模型应用的广泛性、模拟结果的准确性、模型使用的可行性，结合四类生态系统服务在研究区的功能，分别选择评估模型对植被净初级生产力、粮食生产、水源涵养、土壤保持服务进行估算。

（1）植被净初级生产力

生态系统的绿色植被通过光合作用所积累的碳总量，是陆地和海洋生态系统实现可持续运转的能量基础，是生态系统重要的支持服务之一。本书的植被净初级生产力数据来源于 MODIS17A3 数据产品。对该数据产品进行研究区提取，将坐标系和投影确定为 1984 世界大地测量系统（WGS84）和阿尔伯特（Albert）投影。利用地理信息系统软件（ArcMap）的栅格计算工具，将值域之外的净生产力异常值删除，并利用其邻域的合理值对这些异常值进行插补。

（2）粮食生产

粮食生产功能为人类提供基本的食物，是生态系统食物供给的重要服务之一。不同尺度对食物供给服务的评估方法不同,在较大的区域尺度上,很难将人类所需的各类食物全部考虑在内,因此研究方法多采用粮食生产作为生态系统食物供给服务的指标。本书利用空间分析单元的地均粮食产量来表征粮食生产服务,即

$$V_{CP} = G_i/A_i \quad \text{(公式 2-4)}$$

式中,V_{CP} 为研究区生态系统在某一研究时段内的粮食生产价值;G_i 为县域单元 i 在某一研究时段内的粮食产量;A_i 为县域单元 i 的行政单元面积。

(3)水源涵养

本书基于生态系统水源涵养功能的定量化估算方法,采用森林生态系统的降水储存量法来代表水源涵养功能,具体估算公式如下:

$$V_{wc} = \sum_{i=1}^{n} A_i \times P_i \times K_w \times R_w \quad \text{(公式 2-5)}$$

式中,V_{wc} 为研究区生态系统在某一研究时段内的水源涵养价值;n 为森林类型数量;A_i 为像元 i 的林地面积;P_i 为像元 i 的年均降水量(mm);K_w 为区域估算产流降雨量占降雨总量的比例系数,根据赵同谦等的研究[6],以淮河为界限来界定中国陆地范围内 K_w 的取值,京津冀城市群属淮河以北,因此在本书中,K_w 取值为 0.4;R_w 为与无植被覆盖的地表比较,有植被覆盖的生态系统减少径流的地表径流截流比例(%),根据已有研究成果[7],不同类型森林的 R_w 值为 0.21~0.39。

(4)土壤保持

根据研究区的土地利用/覆盖及土壤保持实际情况以及数据的可获取性,本书以土壤保持量为估算指标,采用通用土壤流失方程(USLE)模型对土壤保持功能进行估算,利用遥感和 GIS 分析技术来获取各项参数因子。参考已有研究[8],利用潜在土壤侵蚀量与实际土壤侵蚀量之差来估算生态系统的土壤保持量,潜在土壤侵蚀量为没有植被覆盖和任何水土保持措施下的土壤侵蚀量,即 $C_v=1$,$P_v=1$;实际土壤侵蚀量为考虑地表的植被覆盖和水土保持措施下的土壤侵蚀量。土壤保持量的计算公式如下:

$$\Delta A = A_o - A_v = R \times K \times L \times S \times (1 - C_v \times P_v) \quad \text{(公式 2-6)}$$

式中,ΔA 为潜在土壤侵蚀量 [t/(hm^2·a)];R 为降水侵蚀因子 [MJ·mm/(hm^2·h)],采用威斯奇迈尔(Wischmeier)和史密斯(Smith)提出的基于降水月值数据的方法进行计算[9];K 为土壤侵蚀因子 [t·h/(MJ·mm)],采用威廉姆斯(Williams)的侵蚀-生产力模型(Erosion Productivity Impact Calculator,EPIC)中的方法进行计算[10];L、S 为地形因子,建立在麦克库尔(McCool)等研究基础之上进行计算[11];C_v 为植被覆盖因子,采用蔡崇法等提出

的方法进行计算；P_v 为土壤保持措施因子，采用已有研究进行计算。L、S、C_v、P_v 均为无量纲量，其中 C_v 值和 P_v 值均在 0 到 1 之间。

① 降水侵蚀因子（R）的估算

降水侵蚀因子是土壤侵蚀的主要驱动因子，与土壤侵蚀量有直接的关系。降水侵蚀状况应同时考虑降水的年内分布和多年的平均降水量，因此本书采用逐月降水量和多年平均降水量的经验公式对降水侵蚀因子 R 进行估算：

$$R = \sum_{i=1}^{12} 1.735 \times 10^{[1.5\log(P_i^2/P) - 0.08188]} \qquad （公式 2-7）$$

式中，R 为降水侵蚀因子；P_i 为第 i 月的降水量（mm）；P 为年均降水量（mm）。

② 土壤侵蚀因子（K）的估算

土壤侵蚀因子表征土壤性质对侵蚀敏感程度的指标，采用侵蚀 – 生产力模型（EPIC）进行计算，EPIC 与土壤土粒大小、有机物含量等因素有关。K 因子的计算公式为

$$K = \left\{ 0.2 + 0.3 \exp\left[-0.0256 SAN \frac{1-SIL}{100}\right]\right\} \left(\frac{SIL}{CLA + SIL}\right)^{0.3} \times$$
$$\left[1.0 - \frac{0.25C}{C + \exp(3.72 - 2.95C)}\right] \times \qquad （公式 2-8）$$
$$\left[1.0 - \frac{0.7SNI}{SNI + \exp(-5.51 + 22.9SNI)}\right] \times 0.1317$$

式中，SAN、SIL、CLA 分别为砂粒、粉粒、黏粒含量（%）；C 为土壤有机碳含量（%）；$SNI = 1 - SAN/100$；0.1317 为美制向公制的转化系数。

③ 地形因子（L、S）的估算

地形因子包括坡长因子和坡度因子，是导致土壤侵蚀的直接诱导因子。本书利用 90 m 空间分辨率的 DEM 数据，采用 Horn 二次曲面拟合算法在 ArcGIS 中通过空间计算生成研究区像素单元的坡长与坡度。采用如下计算公式对地形因子 L、S 进行估算[12]：

$$L = \left(\frac{\lambda}{22.13}\right)^m \begin{cases} m = 0.5 & \theta > 9\% \\ m = 0.4 & 3\% < \theta \leq 9\% \\ m = 0.3 & 1\% < \theta \leq 3\% \\ m = 0.2 & \theta \leq 1\% \end{cases} \qquad （公式 2-9）$$

式中，L 表示坡长因子；λ 表示坡长（m）；m 表示坡长指数，为无量纲常数，其值取决于坡度百分比值（θ）；θ 为由 DEM 数据生成的像元坡度百分比。坡度因子 S 的计算公式如下：

$$S = \begin{cases} 10.8 \sin\theta + 0.03 & \theta < 9\% \\ 16.8 \sin\theta - 0.50 & 9\% \leq \theta < 18\% \\ 21.91 \sin\theta - 0.96 & \theta \geq 18\% \end{cases} \qquad （公式 2-10）$$

式中，S 表示坡度因子；θ 表示像元坡度百分比。

④ 植被覆盖因子（C_v）的估算

植被覆盖是土壤侵蚀的抑制性因子，土壤侵蚀量与植被覆盖具有密切的关系，根据地面植被覆盖情况的不同来反映植被对土壤侵蚀的影响程度。植被覆盖度对土壤侵蚀影响的拐点是78.3%，本书采用植被覆盖度来计算植被覆盖因子[13]，即

$$C_v = \begin{cases} 1 & f=0 \\ 0.650\,8 - 0.343\,6\log f & 0 < f \leq 78.3\% \\ 0 & f > 78.3\% \end{cases} \quad （公式2-11）$$

式中，f 表示植被覆盖度，可采用波士顿大学的全球土地覆盖数据（MODIS）影像的 $NDVI$ 数据来对植被覆盖度进行估算。植被覆盖度的计算公式如下：

$$f = \frac{NDVI - NDVI_{\min}}{NDVI_{\max} - NDVI_{\min}} \quad （公式2-12）$$

式中，$NDVI$ 为归一化植被指数；$NDVI_{\min}$、$NDVI_{\max}$ 分别为 $NDVI$ 的最大值和最小值。将2000年、2010年内各期 $NDVI$ 数据采用最大合成法获得2000年、2010年研究区的 $NDVI$ 数据。

⑤ 土壤保持措施因子（P_v）的估算

土壤保持措施因子反映的是植被的管理措施差异所引起的土壤侵蚀量差别，需要结合研究区土地利用/覆盖情况来确定不同土地利用/覆盖类型的 P_v 值，其范围在0到1之间，参考生态系统服务评估中土壤保持措施因子的估算方法[14]（表2-3）。

表2-3 土地利用/覆盖类型对应的 P_v 值

土地类型	农田	森林	草地	水域	城市	裸地（荒漠）
P_v 值	0.47	1.00	0.80	0.00	0.00	0.33

3）生态系统服务时空分析方法

对空间数据进行叠加和重新分类是地理学研究空间分析方法的重要功能。在对生态系统服务进行模型估算的基础上，采用空间制图、空间分析、统计学分析的方法对四类生态系统服务的估算结果进行多尺度分析，揭示不同尺度生态系统服务的空间格局和时空变化差异。

（1）空间制图

首先，以四类生态系统服务的派生数据库为基础，根据估算模型的计算方法，利用 ArcGIS 软件对净生产力数据、县域单元的地均粮食产量数据、水源涵养数据、土壤保持数据进行空间叠加计算和分析，实现 1 km×1 km 格网尺度的 2000 年、2010 年两期、四类生态

系统服务的空间制图，为生态系统服务的空间分布格局和时空变化特征分析提供定量依据。其次，利用ArcGIS的空间统计工具，对京津冀全区、三省市、市域、县域单元的矢量数据与1 km×1 km的生态系统服务数据进行空间统计。在ArcMap10.0中的具体操作程序包括：① 利用空间分析工具（Spatial Analyst Tools）/分区（Zonal）/分区统计（Zonal Statistics）功能统计行政区划矢量范围的生态系统服务栅格数据。② 利用转换工具（Conversion Tool）/栅格转点要素类（Raster to Point）工具，将以上统计结果转化为矢量的点数据。③ 利用空间分析工具（Spatial Analyst Tools）/提取（Extraction）/提取值到点（Extract Values to Points）功能，将第一步统计的栅格数据图层的像元值赋给第二步转换的矢量点数据图层。④ 利用分析工具（Analysis Tools）/叠加（Overlay）/空间连接（Spatial Join）工具，将第三步得到的带有栅格像元值属性的点图层与矢量目标图层（第一步统计用到的矢量图层）关联。在此基础上得到京津冀、三省市、城市、县域尺度上的生态系统服务统计结果。再次，采用最大、最小值标准化法对以上空间数据进行格网单元的归一化处理，每个格网的值将在0到1之间，为生态系统服务之间权衡关系的分析提供标准化数据。最后，将以上标准化空间数据与土地利用/覆盖数据和行政区划边界的矢量数据进行叠加计算，生成不同地类和行政区划范围的生态系统服务玫瑰图，为不同地类和区域的生态系统服务权衡和协同关系分析提供数据依据。

（2）空间分析

空间分析是对植被净初级生产力、粮食生产、水源涵养、土壤保持四类生态系统服务的制图结果进行空间分异规律的识别和分析。热点分析可根据对数据集的要素计算来确定该要素的高值或低值发生聚类的空间位置，是地理要素空间分析的有效方法。热点分析通过将某个要素及其相邻要素的局部总和与所有要素的总和进行比较，当实际的局部总和与所预期的局部总和有很大差异以至于无法成为随机产生的结果时，会产生一个具有显著的统计学意义的 z 得分，具体表达式见公式2-13、公式2-14和公式2-15。如果 z 得分（G^*）为正值且显著，表明该空间位置周边的要素值相对较高，高值（热点区）的聚类越紧密。如果 z 得分为负值且显著，则表明该位置周边的要素值相对较低，低值（冷点区）的聚类就越紧密。采取热点分析（Getis-Ord Gi^*）的原理和方法，识别土地利用/覆盖和生态系统服务的局部关联特征，对其空间格局及其时空变化特征进行分析，具体包括：① 通过对单一生态系统服务空间格局进行分析，发现各类生态系统服务空间分布的热点区和冷点区，揭示生态系统服务的空间分异特征；② 对不同类型生态系统服务空间分布格局与时空变化进行对比分析，旨在揭示各类生态系统服务之间的空间差异性和空间分异关系，有利于生态系统服务权衡及其机理的分析；③ 对各类生态系统服务的时空变化进行分析，揭示生态系统服务的时间和空间尺度特征，有利于生态系统服务变化趋势的预测。

$$Z(G^*) = \frac{\sum_{j=1}^{n} W_{ij} x_j - \bar{X} \sum_{j=1}^{n} w_{ij}}{S \sqrt{\frac{n \left[\sum_{j=1}^{n} w_{ij}^2 - \left(\sum_{j=1}^{n} w_{ij} \right)^2 \right]}{n-1}}}$$ （公式2-13）

$$\bar{X} = \frac{\sum_{j=1}^{n} x_j}{n}$$ （公式2-14）

$$S = \sqrt{\frac{\sum_{i=1}^{n} x_i^2}{n} - (\bar{X})^2}$$ （公式2-15）

式中，$Z(G^*)$ 统计为 z 得分；W_{ij} 为分析单元 i 和分析单元 j 的空间距离权重；x_i 和 x_j 分别为分析单元 i 和分析单元 j 的要素属性值；n 为空间单元总数；$\bar{X}$ 和 S 分别为要素的平均值和标准差。

（3）统计学分析

本书的统计学分析方法具体包括两类：一类是对 30m 空间分辨率的土地利用/覆盖数据进行不同尺度行政范围的空间统计，并对 $1 km \times 1 km$ 格网的生态系统服务进行不同尺度行政范围的空间统计，这些统计过程是为实现土地利用/覆盖和生态系统服务空间格局与时空变化特征分析提供定量的数据支撑；另一类是统计学方法的分析过程，主要是利用 SPSS 软件（PASW Statistics19 版本）对多尺度的各类生态系统服务做相关分析，利用皮尔逊（Pearson）指数对其相关性进行显著性检验。统计学方法主要应用于各类生态系统服务相关关系的分析，揭示生态系统服务之间数量变化的统计特征，为生态系统服务权衡与协同关系分析提供定量依据。

4）生态系统服务影响因素分析方法

（1）多元线性回归法

生态系统服务变化是土地利用/覆盖变化、城镇化、工业化等内生因子和外生因子的多维复杂要素综合作用的结果。为综合衡量生态系统服务变化的影响因素，需建立能够涵盖生态系统服务变化的土地利用/覆盖因素、社会因素、经济因素等方面的影响因素指标体系。回归分析是确定两种或两种以上变量间相互依赖的定量关系的一种统计学分析方法，用于对数据内在规律的分析和解释，应用十分广泛。

本书采用回归分析的原理和方法对影响生态系统服务变化的因子进行检验和多元回归分析（图2-4）。① 通过散点图观测自变量指标与因变量之间是否存在线性关系，若大部分自变量与因变量之间具有显著的线性拟合关系，则可以假设自变量与因变量之间存在线性回归关系，建立多元线性回归模型。② 需要对回归模型中自变量因子的多重共线性进行检验。在多元线性回归模型经典假设中，重要假设之一是解释变量之间不能存在显著相关关系，即解释变量中的任何一个变量都不能是其他变量的线性组合，否则就存在多重共线性。本书采用相关系数矩阵和方差膨胀因子共同对自变量是否存在多重共线性进行检验。若不存在

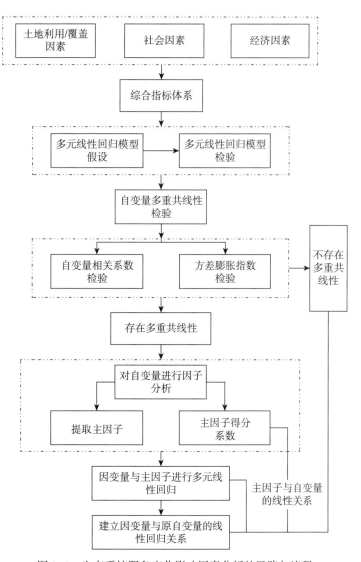

图 2-4　生态系统服务变化影响因素分析的思路与流程

或多重共线性很微弱，则可以对回归模型进行线性拟合，计算回归系数。若存在或多重共线性较为严重，则需要对自变量的多重共线性进行处理。③ 本书选用因子分析法来解决自变量的多重共线性问题。通过因子分析法提取出具有相互独立关系的主因子，通过因子系数矩阵建立了主因子与自变量的关系，然后将主因子作为自变量与因变量进行多元线性回归的检验和计算。④ 将主因子与因变量的回归关系式代入主因子与原自变量的关系式中，得到原自变量与因变量之间的回归关系式，通过回归系数来判定原自变量对作为因变量的生态系统服务的影响。

（2）地理探测器法

地理探测器法由王劲峰等学者于2017年建立，用于探测属性 y 与解释因子 x 的空间分异一致性[15]。该方法无线性假设，基本思想是假设研究区被分为若干子区域，如果子区域的方差之和小于区域总方差，则存在空间分异性；如果两个变量的空间分布趋于一致，则两者存在统计关联性。地理探测器的 q 统计量被用来度量空间分异性、探测解释因子、分析变量之间的交互关系，已经在自然和社会科学多领域应用。地理探测器包括四个探测器：因子探测、交互作用探测、风险区探测和生态探测。本书采用地理探测器的因子探测与交互探测分别对单一因子与多因子交互作用对生态系统服务空间分异的影响进行分析。

因子探测的主要目的是探测 Y 的空间分异性，以及探测某因子 X 在多大程度上解释了属性 Y 的空间分异。其公式为

$$P_{D,H} = 1 - \frac{1}{n\sigma_H^2} \sum_{i=1}^{m} n_{D,i} \sigma^2_{H_{D,i}} \qquad （公式2-16）$$

式中，$P_{D,H}$ 是影响因子 D 对生态系统服务的探测力值；n 与 σ_H^2 分别为研究区样本量与方差；m 为某种因子的分类个数；$n_{D,i}$ 为 D 指标在 i 类上样本的个数；$H_{D,i}$ 为 D 指标在 i 类上的分区。$P_{D,H}$ 的取值区间为 [0，1]，其数值越大则表明该因子对生态系统服务变化的解释能力越强。当其数值为0，表明分类因素与生态系统服务变化完全无关；当其数值为1，说明分类因素可以完全解释生态系统服务的区域差异特征。

交互作用探测用于识别不同风险因子 X_s 之间的交互作用，即评估因子 X_1 和 X_2 共同作用时是否会增加或减弱对因变量 Y 的解释力，或识别这些因子对 Y 的影响是相互独立的。其具体方法是通过比较 $P_{D,H}(D_1 \cap D_2)$ 与 $P_{D,H}(D_1)$、$P_{D,H}(D_2)$、$P_{D,H}(D_1+D_2)$，根据比较结果将两个因子之间的关系分为非线性减弱、单因子非线性减弱、双因子增强、独立、非线性增强五类，进而判断不同因子的交互作用是否会增加或减弱对因变量的解释力。

第2章参考文献

[1] 朱会义, 李秀彬, 何书金, 等. 环渤海地区土地利用的时空变化分析[J]. 地理学报, 2001, 56(3): 253-260.

[2] 霍华特. 动态规划与马尔柯夫过程[M]. 李维正, 徐映波, 赖延连, 译. 上海: 上海科学技术出版社, 1963.

[3] 傅伯杰, 陈利顶, 马诚. 土地可持续利用评价的指标体系与方法[J]. 自然资源学报, 1997, 12(2): 113-118.

[4] 傅伯杰, 刘焱序. 系统认知土地资源的理论与方法[J]. 科学通报, 2019, 64

(21): 2172-2179.

[5] 刘瑜洁,刘俊国,赵旭,等.京津冀水资源脆弱性评价[J].水土保持通报,2016,36(3):211-218.

[6] 赵同谦,欧阳志云,王效科,等.中国陆地地表水生态系统服务功能及其生态经济价值评价[J].自然资源学报,2003,18(4):443-452.

[7] 赵同谦,欧阳志云,郑华,等.中国森林生态系统服务功能及其价值评价[J].自然资源学报,2004,19(4):480-491.

[8] 孙文义,邵全琴,刘纪远.黄土高原不同生态系统水土保持服务功能评价[J].自然资源学报,2014,29(3):365-376.

[9] WISCHMEIER W H, SMITH D D. Predicting rainfall erosion losses: a guide to conservation, agricultural handbook No. 537[Z]. Washington, DC: US Department of Agriculture, 1978.

[10] WILLIAMS J R. The erosion-productivity impact calculator (EPIC) model: a case history[J]. Philosophical Transactions of the Royal Society of London Series B: Biological Sciences, 1990, 329(1255): 421-428.

[11] MCCOOL D K, FOSTER G R, MUTCHLER C K, et al. Revised slope length factor for the universal soil loss equation[J]. Transactions of the ASABE, 1989, 32(5): 1571-1576.

[12] LIU B Y, NEARING M, SHI P, et al. Slope length effects on soil loss for steep slopes[J]. Soil Science Society of America Journal, 2000, 64(5): 1759-1763.

[13] 蔡崇法,丁树文,史志华,等.应用USLE模型与地理信息系统IDRISI预测小流域土壤侵蚀量的研究[J].水土保持学报,2000,14(2):19-24.

[14] 郭伟.北京地区生态系统服务价值遥感估算与景观格局优化预测[D].北京:北京林业大学,2012.

[15] 王劲峰,徐成东.地理探测器:原理与展望[J].地理学报,2017,72(1):116-134.

第2章图表来源

图2-1 源自:笔者根据1:400万中国基础地理信息数据和2001—2015年中国城市统计年鉴的人口、GDP统计数据绘制

图2-2 源自:笔者绘制.

图2-3 源自:笔者根据计算结果绘制,数据来源为GlobeLand30.

图2-4 源自:笔者绘制.

表2-1 源自:笔者根据各项数据的属性和来源网站绘制.

表2-2 源自:笔者根据GlobeLand30的数据产品说明绘制.

表2-3 源自:笔者根据郭伟.北京地区生态系统服务价值遥感估算与景观格局优化预测[D].北京:北京林业大学,2012绘制.

3 京津冀城市群土地利用/覆盖格局及其时空变化

对京津冀城市群土地利用/覆盖的空间分布格局与时空变化特征进行多尺度分析。采用多尺度空间统计的方法，利用 ArcGIS 空间统计工具，首先对 2000 年、2010 年京津冀城市群土地利用/覆盖类型的面积和占比进行了统计，获得京津冀全区尺度，北京、天津、河北三省市尺度，市域尺度，县域尺度，1 km×1 km 格网尺度的土地利用/覆盖面积和占比以及京津冀全区土地利用/覆盖面积的高程分布。其次通过空间统计得到京津冀城市群 10 年间多尺度的土地利用/覆盖变化量和变化率。为充分展示土地利用/覆盖的空间分布和变化特征，对县域单元统计的土地利用/覆盖占比（土地类型面积占县域面积的比重）进行热点分析制图，以此说明高值区和低值区的空间集聚特征。最后利用马尔可夫（Markov）链转换矩阵计算得到京津冀全区和三省市的地类转换矩阵，得到各个地类之间的转换面积。基于以上统计结果，从多个尺度对京津冀城市群土地利用/覆盖空间分布、时空变化及地类转换特征进行分析。

3.1 土地利用/覆盖空间分布格局

在京津冀全区尺度上，从 2010 年京津冀全区土地利用/覆盖的面积和占比可以看出（表 3-1），京津冀城市群耕地分布最广，总面积为 112 403.38 km²，占全区总面积的比重高达 52.14%，是京津冀城市群土地利用/覆盖的主要类型。耕地连片分布于京津冀东部和整个东南部地区，其中约 70.2% 分布于高程为 0~200 m 的低平原地区（表 3-2，图 3-1）。其次是林地、草地，面积分别为 42 288.27 km² 和 37 969.11 km²，分别占全区总面积的 19.61% 和 17.61%，主要分布于京津冀北部的坝上高原和燕山山地、西部的太行山山地，其高程范围涵盖 250~1 400 m。建设用地面积次于耕地、林地和草地，为 17 824.28 km²，所占比重为 8.27%，整体呈斑块状分布于 0~100 m 高程的平原地区。建设用地分布不仅受地形地貌条件的约束，而且受人口、交通、经济条件的影响。可以看出，京津冀城市群城镇具有分别沿北京—保定—石家庄、北京—天津、唐山—天津—沧州三大轴线的轴向分布特征，而这三条轴线所连接的区域是京津冀城市群人口、产业和交通较为密集且增长较快的地区。水体和湿地面积较小，仅占总面积的 1.78% 和 0.42%，主要分布于天津和河北沿海的河流、湖泊、海岸带等低洼地区，内陆山区也有零星分布，其高程范围集中在 0~50 m。

表 3-1　2010 年京津冀全区土地利用 / 覆盖面积和占比

分类	耕地	林地	草地	灌丛地	湿地	水体	建设用地	裸地
面积（km²）	112 403.38	42 288.27	37 969.11	284.67	913.39	3 837.84	17 824.28	77.18
占比（%）	52.14	19.61	17.61	0.13	0.42	1.78	8.27	0.04

表 3-2　200 m 高程以下京津冀土地利用 / 覆盖类型（km²）

高程区间（m）	耕地	林地	草地	灌丛地	湿地	水体	建设用地	裸地
<0	98.78	0.07	8.37	0.00	37.56	207.19	28.55	0.26
0~50	61 781.59	112.86	205.11	0.00	555.74	2 908.60	11 617.83	6.40
50~100	10 686.67	201.80	196.79	0.00	6.65	56.13	3 097.68	1.95
100~150	3 715.14	361.40	405.75	0.00	9.28	195.41	476.55	3.62
150~200	2 690.77	597.20	563.37	0.00	6.86	80.90	204.63	2.92

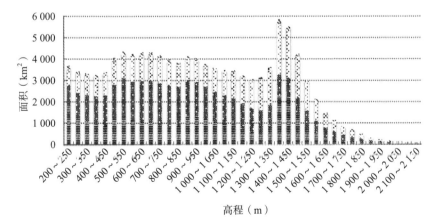

图 3-1　200 m 高程以上京津冀城市群土地利用 / 覆盖类型分布

在北京、天津、河北三省市尺度上（表 3-3），由于河北总面积远高于北京和天津，各土地类型面积差值较大，为使统计结果图能够充分显示三省市土地类型面积与占比，故选择对三省市分别制图进行比较分析。从土地利用/覆盖面积和占比可以看出，三省市土地利用/覆盖分布具有显著的区域差异特征。与天津和河北不同的是，北京的主要土地利用/覆盖类型是林地，面积为 7 038.16 km^2，占北京市行政区划总面积的比重为 43.13%；其次是耕地、建设用地和草地，但三种地类的面积差距较大，分别为 5 552.98 km^2、2 322.72 km^2 和 1 241.77 km^2，占比分别为 34.03%、14.24%、7.61%。天津的主要土地利用/覆盖类型是耕地，面积为 7 677.7 km^2，所占比重高达 64.16%；其次是建设用地和水体，面积分别为 2 064.13 km^2 和 1 435.23 km^2，所占比重分别为 17.25% 和 12.00%；裸地面积最小，仅为 1.45 km^2，占比为 0.01%。与天津类似，河北的主要地类也是耕地，总面积为 99 172.7 km^2，所占比重为 52.95%，略低于天津。其次是草地、林地和建设用地。其中，草地与林地面积接近，分别为 36 517.29 km^2 和 35 083.76 km^2，占河北总面积的比重分别为 19.50% 和 18.73%；建设用地面积为 13 437.43 km^2，虽然河北的建设用地总面积绝对值远高于北京和天津，但占比相对较小，所占比重仅为 7.17%。河北的湿地面积为三省市最高，为 489.43 km^2。

表 3-3　2010 年京津冀三省市土地利用/覆盖面积和占比

	分类	耕地	林地	草地	灌丛地	湿地	水体	建设用地	裸地
北京	面积（km^2）	5 552.98	7 038.16	1 241.77	0.26	13.04	148.57	2 322.72	0.23
	占比（%）	34.03	43.13	7.61	0.00	0.08	0.91	14.24	0.00
天津	面积（km^2）	7 677.70	166.35	210.05	0.00	410.92	1 435.23	2 064.13	1.45
	占比（%）	64.16	1.39	1.76	0.00	3.43	12.00	17.25	0.01
河北	面积（km^2）	99 172.70	35 083.76	36 517.29	284.41	489.43	2 254.04	13 437.43	75.50
	占比（%）	52.95	18.73	19.50	0.15	0.26	1.20	7.17	0.04

在市域尺度上，将各市域按照耕地面积和占比分别进行升序排列，得到各城市土地利用/覆盖面积（图 3-2）和占比（图 3-3）。从计算结果可以看出，各城市之间既存在相似的整体性特征，又具有显著的区域差异。整体来看，除河北北部的承德外，其他城市的主要地类均为耕地，耕地所占比重介于 43.1% 至 88.2%。林地和建设用地在各市域之间的分布具有明显的差异性。承德、保定、石家庄是林地的主要分布区域，其中承德和保定的林地占比高达 34.7% 和

34%，其次是石家庄（24%）、张家口（17.3%）和秦皇岛（17.2%），其他城市的林地占比均低于10%。各城市建设用地面积差异较大，其中建设用地面积最小的城市是承德（318.04 km²），最大的是保定（2 256.02 km²），平均面积为1 221.58 km²，高于平均面积的城市依次为邯郸（1 303.37 km²）、沧州（1 526.71 km²）、石家庄（1 585.46 km²）、唐山（1 786.12 km²）和保定（2 256.02 km²）。与面积相比，各市域建设用地占比相对稳定，除承德（0.8%）和张家口（2.7%）外，其他城市保持在8.4%至15.7%的范围之内。另外，可以看出建设用地占比相对较小的城市，其耕地占比则较大。

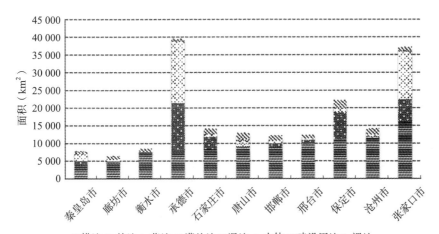

图 3-2　2010年京津冀城市群市域土地利用/覆盖类型面积

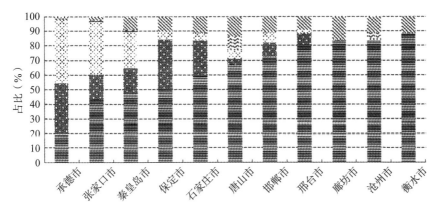

图 3-3　2010年京津冀城市群市域土地利用/覆盖类型占比

利用空间自相关方法对县域单元土地利用/覆盖面积占比进行制

图，得到县域尺度土地利用/覆盖的空间分布格局（图 3-4）。耕地高值区集中在东南部的沧州、衡水和邢台、邯郸的东部县域，耕地占县域面积的百分比介于 83.4% 至 92%。耕地分布的低值区位于京津冀西北部的承德，北京的密云、怀柔、延庆、房山等郊县，保定的易县、涞源县等，张家口的赤城县、崇礼县等县域。可以看出 2010 年耕地低值区的分布范围比 2000 年有所扩大，向西和向北延伸的趋势明显，将近覆盖整个京津冀北部的承德、张家口及北京北部县域。

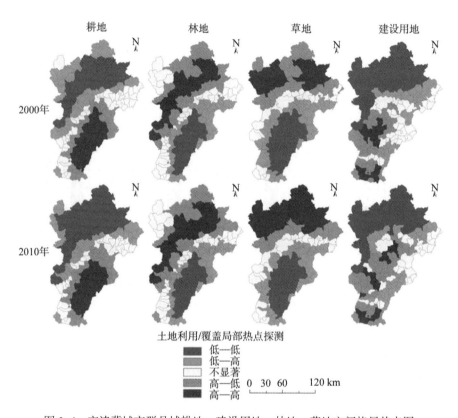

图 3-4 京津冀城市群县域耕地、建设用地、林地、草地空间格局热点图

建设用地不同于耕地，其空间分布格局受自然地理条件的约束性相对较小。建设用地的高值区主要呈团块状分布于邯郸、石家庄、保定三个城市周围。到 2010 年，新增了北京周围的部分县域。建设用地低值区呈集聚的连片状分布于京津冀西北部区域，而高值县域则呈零散的斑块状分布于邯郸、保定和北京的县域。建设用地空间格局呈现低值集聚、高值分散的特征。2000—2010 年，建设用地的高值分布范围呈明显扩张趋势，其中最为明显的是新增了北京周围县域成为建设用地高值分布区。

林地与耕地的分布模式具有一定的相似性，高值区和低值区也被东北—西南向的自然地带分界线隔开，呈对角线分布。但林地的高值区和低值区分布与耕地恰恰相反。林地高值区主要分布于太行山沿线山区，北起承德隆化县和承德县，沿太行山向西南延伸至石家庄的平山县，沿途经过北京和保定西部县域。林地高值区范围为47%~77.6%。低值区分布于东南部平原地区，该区域是耕地集中分布区。

不同于耕地和林地的空间分布，草地高值区和低值区主要呈南北向对立分布。高值区主要集中在京津冀北部的燕山山地区域，张家口北部的张北县、尚义县、崇礼县等和承德的隆化县、承德县、平泉县等是草地的主要高值分布区，整个分布范围向南的界线为张家口的怀安县、赤城县，承德的丰宁满族自治县、承德县及宽城满族自治县。草地高值区在各个县域的占比范围介于35.3%至57.6%，其中最高值是承德县，其次是河北的围场满族蒙古族自治县，草地占比达到52.9%。2000—2010年草地高值区空间分布范围呈明显扩大趋势，覆盖了张家口的大部分区域和承德全域。

3.2 土地利用/覆盖时空变化特征

基于多尺度的土地利用/覆盖变化量和变化率的空间统计结果，从京津冀全区尺度、三省市尺度、市域尺度、县域尺度及 1 km×1 km 格网尺度上，对京津冀城市群土地利用/覆盖变化的时空特征进行多尺度分析。

3.2.1 总体变化幅度

从京津冀城市群土地利用/覆盖面积变化量和变化率统计结果可以看出（图3-5），2000—2010年京津冀土地利用/覆盖变化主要呈

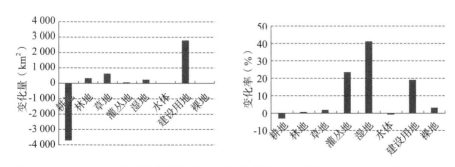

图 3-5 2000—2010年京津冀城市群土地利用/覆盖面积变化量（左）和变化率（右）

现耕地大幅减少与建设用地大幅增加的相反态势。10年间耕地减少了 3 718.93 km², 但变化率相对较低, 仅为负 3.2%, 主要由于耕地总面积较大, 变化部分所占比例较小。与耕地缩减形成鲜明对比的是建设用地大幅增加, 从 2000 年的 14 933.1 km² 扩张到 2010 年的 17 824.28 km², 是所有地类中总量增长最大的, 增长率为 19.36%。其他地类变化幅度均较小, 灌丛地 (23.8%) 和湿地 (41.65%) 的变化率高于其他地类, 这主要是由于灌丛地和湿地的面积总量较小所导致的。

3.2.2 区域变化特征

对京津冀三省市和市域尺度的土地利用/覆盖面积变化量和变化率分别进行分析, 2000—2010 年京津冀城市群土地利用/覆盖的变化方向具有相似性, 变化程度则具有显著的区域差异性。

在三省市尺度上 (图 3-6), 10 年间北京、天津、河北均呈现耕地减少与建设用地增加的变化态势, 具有显著的一致性特征。由于耕地总面积的 88.3% 分布在河北, 因此河北耕地减少幅度也最大, 远远高于北京和天津, 减少量为 2 807.74 km², 占京津冀全区耕地减少总量的 75.5%。由于河北耕地总面积较大, 变化部分所占比例较小, 因此变化率为三省市最低, 仅为负 2.75%。北京和天津的耕地呈小幅减少趋势, 减少量分别为 351.16 km² 和 560.03 km², 变化率分别为负 5.95% 和负 6.8%。与耕地减少的态势相反, 三省市的建设用地均呈现不同程度的增加趋势。河北的建设用地增长量为三省市最大, 为 1 549.55 km², 占京津冀全区建设用地增长总量的 53.6%, 北京和天津分别增加了 671.66 km² 和 669.98 km², 绝对量远低于河北, 但北京和天津的增长率分别高达 40.7% 和 48.1%, 而河北的增长率仅为 13%, 由此可以看出, 城市的迅速扩张是建设用地增加的直接原因。

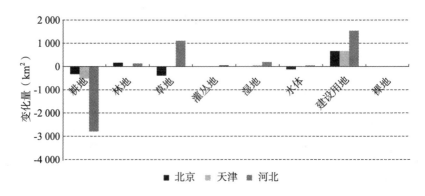

图 3-6　2000—2010 年京津冀城市群三省市土地利用/覆盖面积变化量

在市域尺度上（图3-7），各城市土地利用/覆盖变化的主要方向也是耕地的减少和建设用地的增加。除保定外，其他城市的耕地呈现不同程度的减少，其中减少幅度最大的是张家口，耕地减少量为 1 429.52 km²，下降率居所有城市最高，为8.22%。耕地面积减少量最小的是石家庄，为43.9 km²。保定是所有城市中唯一耕地面积呈轻微幅度增加的城市，但增长量仅为48 km²。建设用地增加幅度最大的是唐山，10年间增长了432.37 km²，增长率为31.94%，其次是张家口和廊坊，建设用地面积分别增加了286.42 km²和204.43 km²，增长率分别为41.04%和26.29%。从市域尺度开始呈现出林地、草地增加的变化趋势，而京津冀全区和三省市尺度上呈现耕地减少、建设用地增加的趋势。由于较大尺度的土地利用/覆盖变化分析并不能全面、系统地展示土地利用/覆盖的空间变化特征，进而影响土地利用/覆盖对生态系统服务变化的分析。由于京津冀全区、三省市、市域三个尺度的空间分析单元相对较大，空间统计结果不可避免地掩盖了部分地类的变化特征。因此，仅通过以上三个尺度的土地利用/覆盖变化分析无法揭示京津冀土地利用/覆盖变化的时空特征，还需要从较小的尺度对京津冀土地利用/覆盖的时空变化进行更加深入的分析。

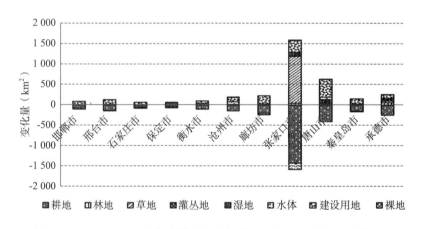

图3-7 2000—2010年京津冀城市群市域土地利用/覆盖面积变化量

对2000—2010年县域尺度土地利用/覆盖类型的变化率进行空间统计，得到耕地、林地、草地、建设用地变化率的空间分布格局（图3-8）。2000—2010年，耕地占比呈减少趋势的区域主要分布于北京、天津及唐山的市区和周边县域，其中北京的通州区、大兴区，河北的香河县、三河市，天津市区，唐山的唐山市区、丰润区、迁安市等是耕地下降率最高的区域。结合耕地变化率的热点分布结果可以看出,"京津唐"地区是耕地减少的集中区域,这主要是由于10年间"京津唐"地区出现了迅速的城市扩张、工业设施建设、交通设施建设等,建设用地的增加不断占用城市及其周围县域的耕地。从耕地变化率及其热点分布可以发现,在保定周围县域和北京、张家口与承德交界的县域处形成两个耕地变化率增加的区域。其中包括保定的徐水县、满城县、高碑店市等,北京的延庆县、怀柔区,张家口的赤城县和怀来县及承德的丰宁满族自治县等。但结合耕地占比的变化率发现,这些县域耕地的增长率很小,如北京延庆县的耕地增长率仅为3.7%,高碑店市的耕地增长率仅为2%。

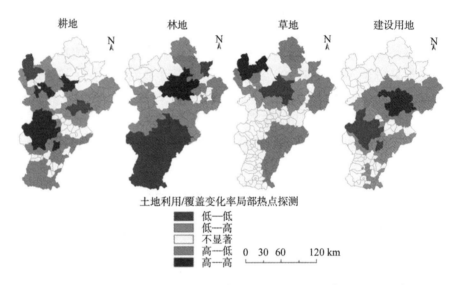

图3-8 2000—2010年京津冀城市群县域耕地、林地、草地、建设用地变化率热点图

林地增加的高值区分布于北京、承德和唐山交界的县域,其中增加幅度最大的是密云县,10年间林地占比由2000年的45.7%增加到2010年的51.8%。与密云县相邻的滦平县和兴隆县的林地也呈增长趋势,但增长率仅分别为1.6%和1.9%。京津冀北部位于燕山山地的部分县域的林地占比呈增加趋势,说明国家在山地区域实行的"退耕还林"和"植树造林"政策已经起到了增加林地面积的效果,但增长率相对较低。草地增加的热点区主要分布于张家口北部的康保县、张北县和沽源县。在北京北部县域之间形成了一个草地减少的聚集区,主要涉及昌平、怀柔、密云、延庆等县域,这些县域的土地利用/覆盖变化受城镇扩张的影响作用较大。

从建设用地的变化率和热点分布结果可以看出,建设用地占比增加的区域主要集中于"京津唐"地区，建设用地增长率最高的县域主要分布于北京的通州区和大兴区、河北与北京和天津交界的三河市和香河县、天津市辖区及唐山市区，其中通州区的建设用地增长率高达12.5%，天津市区为9.6%，唐山市区为8.1%。除"京津唐"地区外，10年间各市域市辖区的建设用地呈快速增长趋势，其中秦皇岛和保定的增长率达到10.4%、9.2%，石家庄和张家口的增长率均为7.4%。从空间分布格局来看，京津冀的建设用地快速增长区主要呈"团块状"分布于"京津唐"地区，另一部分呈零散的斑点状分布于保定、石家庄、秦皇岛等城市的市辖区。结合京津冀县域单元建设用地和耕地变化率及其热点区的空间分布可以看出，耕地的减少区是建设用地增加的高值区，而耕地呈增加态势的区域是建设用地变化的低值区。"京津唐"地区既是京津冀城市群建设用地的主要增加区域，同时也是耕地减少的集中区域。

综合以上土地利用/覆盖变化的多尺度分析，在京津冀全区、三省市、市域尺度上，土地利用/覆盖变化均呈现明显的耕地减少、建设用地增加的变化趋势，且二者之间具有此消彼长的数量特征和空间关系。从县域尺度的分析可以发现，2000—2010年京津冀的耕地变化与建设用地变化不仅在数量上具有此消彼长的特点，在空间分布上也具有很强的空间叠加关系。耕地减少的集中分布区和建设用地增加的集中区域具有一定的空间重合特征，但地类变化的空间分布及局部细节特征并不明显。

3.2.3 空间变化分异

2000—2010年京津冀城市群耕地和建设用地的变化在空间分布上具有此消彼长的特征（表3-4）。伴随城市的蔓延式扩张，城市周围的耕地成为新增建设用地的主要来源（图3-9）。运用ArcGIS的空间分析功能，计算得到新增建设用地来源的地类及其面积。2000—2010年京津冀城市群3 275.39 km²的非建设用地转化为建设用地，通过占用耕地的新增建设用地的比重高达78.4%（2 567.85 km²），通过占用草地来新增建设用地的比重为16.4%（537.31 km²），说明2000—2010年京津冀城市群建设用地扩展速度迅速，且新增的建设用地主要来源于对耕地的占用。

表3-4　2000—2010年京津冀城市群建设用地增加的主要来源

分类	耕地	林地	草地	灌丛地	水体	裸地	海域
面积（km²）	2 963.80	48.57	528.45	0.20	142.56	1.31	157.75
占比（%）	77.13	1.26	13.75	0.01	3.71	0.03	4.11

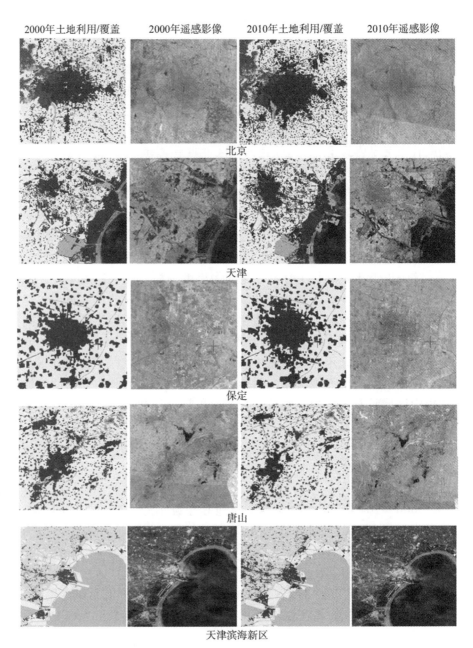

图 3-9 2000—2010 年京津冀城市群城市用地扩张细节图
（30 m 空间分辨率）

3.3 土地利用/覆盖类型转换特征

2000—2010 年，京津冀城市群约有 2 963.8 km² 的耕地转化为建设用地，占耕地减少面积的93.2%，是耕地减少的主要方向（表3-5）。其次是草地，约2 556.5 km² 的耕地转化为草地。同时，约1 979.81 km² 的林地转化为草地。10年间草地向耕地和林地均有地类转换，分别有约1 250.7 km² 和2 171.69 km² 的草地转化为耕地和林地。结合草地与耕地、草地与林地的互相转化情况可以看出，耕地向草地、林地向草地的转换分别属于净转出，即该方向的转换面积相对更大，这也是导致京津冀城市群尺度耕地减少、草地增加的直接原因。其他地类之间的转换面积相对较小，但值得注意的是，约157.75 km² 的海域转换为建设用地，这与京津冀沿海区域的填海造地有关。

表3-5　2000—2010年京津冀土地利用/覆盖类型转换（km²）

分类	耕地	林地	草地	灌丛地	湿地	水体	建设用地	裸地
耕地	107 245.41	287.53	2 556.50	17.50	90.37	632.41	2 963.80	1.08
林地	113.69	39 213.52	1 979.81	72.22	3.29	2.86	48.57	0.18
草地	1 250.70	2 171.69	33 723.04	91.00	82.12	54.71	528.45	12.02
灌丛地	0.70	32.76	95.15	106.65	0.02	0.18	0.20	0.05
湿地	82.46	3.55	18.81	0.20	372.24	172.34	12.86	0.72
水体	502.78	57.89	145.28	1.00	256.72	2 730.41	142.56	1.79
建设用地	967.58	16.87	34.51	0.48	9.40	41.49	13 399.42	0.04
裸地	0.16	0.19	11.96	0.01	0.00	0.03	1.31	58.28
海域	0.58	0.00	9.36	0.00	140.67	143.34	157.75	0.00

在北京、天津、河北尺度上（表3-6至表3-8），三省市的地类转换特征既具有相似性，也具有不同的区域性特征。2000—2010年，北京的土地利用/覆盖类型转换主要表现为耕地向建设用地的转换，约494.98 km² 的耕地面积转换为建设用地。其次是草地向耕地和建设用地的转换，转换面积分别为236.51 km² 和151.67 km²。另外，约136.72 km² 的草地面积转换为林地。北京的土地利用/覆盖变化趋势主要表现为耕地和草地面积减少、建设用地增加及林地小幅增加。10年间，天津的土地利用/覆盖类型转换特征相对北京较为单一，主要表现为耕地向建设用地的转换和水体向耕地的转换。其中，减少的耕地中约有611.28 km² 转换为建设用地，建设用地的增加速度高于北京。水体中约222.86 km² 转换为耕地，是水体面积变化的主要原因。相比北京和天津，河北的区划面积较大，土地类型之间的转换面积也

远大于北京和天津。2000—2010 年，河北减少的耕地主要转换为建设用地和草地，分别有约 1 857.55 km² 和 2 491.49 km² 的耕地转变为建设用地和草地，同时有 1 929.3 km² 的林地转化为草地，使建设用地和草地的面积在 10 年间呈增加态势，但建设用地的增加幅度远高于草地。另外，有约 2 017.67 km² 的草地转化为林地，这是林地呈现增加态势的直接原因。

表 3-6　2000—2010 年北京市土地利用/覆盖类型转换（km²）

分类	耕地	林地	草地	灌丛地	湿地	水体	建设用地	裸地
耕地	4 951.01	112.92	46.38	0.00	1.01	10.94	494.98	0.04
林地	28.39	7 011.07	34.84	0.00	0.01	0.95	45.36	0.00
草地	236.51	136.72	1 183.13	0.00	1.63	8.43	151.67	0.08
灌丛地	0.00	0.00	0.00	0.25	0.00	0.00	0.00	0.00
湿地	4.09	0.69	2.55	0.00	0.41	1.35	0.17	0.00
水体	40.56	33.27	47.49	0.00	6.22	127.18	1.79	0.02
建设用地	43.93	5.00	1.40	0.00	0.10	3.05	1 521.98	0.00
裸地	0.01	0.00	0.08	0.00	0.00	0.00	0.00	0.16

表 3-7　2000—2010 年天津市土地利用/覆盖类型转换（km²）

分类	耕地	林地	草地	灌丛地	湿地	水体	建设用地	裸地
耕地	6 989.30	18.83	18.62	0.00	31.49	267.94	611.28	0.07
林地	1.49	184.28	15.68	0.00	0.00	0.00	0.02	0.00
草地	87.60	17.29	138.12	0.00	0.21	12.97	7.74	0.28
灌丛地	0.00	0.00	0.00	0.00	0.00	0.00	0.00	0.00
湿地	28.53	0.00	5.06	0.00	202.60	71.96	4.97	0.00
水体	222.86	1.90	33.24	0.00	50.43	987.05	90.30	0.00
建设用地	65.35	0.49	4.88	0.00	7.93	17.73	1 250.59	0.00
裸地	0.04	0.00	0.24	0.00	0.00	0.00	0.00	0.91
海域	0.57	0.00	9.32	0.00	103.24	45.98	35.79	0.00

表 3-8 2000—2010 年河北省土地利用/覆盖类型转换（km²）

分类	耕地	林地	草地	灌丛地	湿地	水体	建设用地	裸地
耕地	95 305.17	155.78	2 491.49	17.50	57.87	353.53	1 857.55	0.97
林地	83.81	32 018.20	1 929.30	72.22	3.28	1.90	3.19	0.17
草地	926.59	2 017.67	32 401.79	91.00	80.28	33.31	369.04	11.66
灌丛地	0.70	32.76	95.15	106.40	0.02	0.18	0.20	0.05
湿地	49.84	2.86	11.20	0.20	169.23	99.02	7.71	0.72
水体	239.37	22.72	64.54	1.00	200.08	1 616.18	50.47	1.76
建设用地	858.31	11.38	28.23	0.48	1.37	20.71	10 626.85	0.04
裸地	0.11	0.19	11.65	0.01	0.00	0.03	1.31	57.21
海域	0.01	0.00	0.04	0.00	37.43	97.36	121.96	0.00

从京津冀全区和三省市尺度的土地类型转换可以发现，耕地向建设用地和草地转换是京津冀城市群耕地减少的主要原因，由于草地向耕地和林地转化，耕地减少的面积和草地增加的面积均有所下降。其他地类向建设用地的转化呈净转入状态，因此建设用地的增加幅度最大。由于河北的区划范围最大，所以按照区划范围统计的京津冀城市群地类转换方向和面积主要受河北的地类变化影响。河北的地类转换方向和面积也与整个京津冀城市群最为接近，表现为耕地向草地和建设用地转化、草地向耕地转化、林地与草地相互转化的主要特征。与河北相比，北京和天津的地类转换特征较为集中，主要表现为耕地向建设用地的转换。这主要是因为北京和天津的自然用地（林地、草地、灌丛地等）面积相对较小，且北京和天津的土地利用/覆盖变化主要受城市扩张行为的驱动，城市扩张过程中所占用的地类主要是城市周边的耕地。通过地类转换进一步明确了京津冀城市群土地利用/覆盖变化的直接原因，为多尺度的土地利用/覆盖变化主导下的生态系统服务变化分析提供了重要依据。

3.4 本章小结

通过对京津冀城市群土地利用/覆盖空间格局与变化的多尺度分析可以发现，随着分析尺度的减小，京津冀土地利用/覆盖格局和变化的空间分布细节越来越明显。从京津冀城市群整体来看，建设用地增加、耕地减少是京津冀城市群最为突出的土地变化特征。2000—

2010 年，建设用地大规模增长区主要沿北京—保定—石家庄、北京—天津、唐山—天津—沧州三条轴线呈点轴式分布。在县域尺度上可以看出，建设用地显著增长区域和耕地减少区域均主要分布于"京津唐"地区。林地在密云县和承德县呈现明显增加趋势，草地在京津冀城市群北部形成一个连片分布的减少区域。结合 1 km×1 km 格网尺度、30 m 空间分辨率建设用地和耕地的增减情况可以发现，建设用地的扩张区域与耕地的缩减区域在分布上呈现空间叠加形态，由此说明耕地向建设用地的转换是耕地和建设用地变化的直接原因。张家口北部区域呈现明显的耕地减少趋势，这主要与退耕还林工程的实施有关。

第 3 章图表来源

图 3-1 至图 3-9 源自：笔者绘制．
表 3-1 至表 3-8 源自：笔者绘制．

4 京津冀城市群生态系统服务格局及其时空变化

本章对京津冀城市群生态系统服务的空间分布格局与时空变化特征进行多尺度分析；利用生态系统服务的估算模型和派生数据，对京津冀城市群的净生产力、粮食生产、水源涵养、土壤保持四类生态系统服务进行估算，得到 1 km×1 km 格网尺度上四类服务的估算结果；利用 ArcGIS 的空间统计功能，对京津冀全区、三省市、市域及县域的生态系统服务平均值分别进行空间统计，得到京津冀、三省市、市域、县域尺度上的生态系统服务平均值统计结果；为充分展示生态系统服务分布和变化的空间特征，对县域单元统计的生态系统服务平均值进行热点分析制图，来说明高值区和低值区的空间集聚特征。

基于以上一系列统计和分析结果，对生态系统服务的空间分布格局和时空变化特征进行分析。需要说明的是，之所以选择统计不同尺度生态系统服务的平均值而不是总值，是为了减小因行政区划范围之间的差距对生态系统服务统计结果造成的影响。例如，河北省的行政范围远远大于北京市和天津市，其生态系统服务总值必然远远高于北京市和天津市，对总值的空间分布和变化的分析无法体现行政区划单元尺度生态系统服务的实际水平。

4.1 生态系统服务空间分布格局

在京津冀全区尺度上，由于四类生态系统服务的估算结果具有不同的估算因子和单位，为增强四类服务空间分布统计结果的可比性，采用生态系统服务标准化后的平均值进行分析，标准化后的平均值为无量纲值，其范围在 0 至 1 之间，便于四类生态系统服务空间分布状态的比较分析。通过计算可知，2010 年京津冀城市群的净生产力服务的平均值最高，其次是土壤保持服务和粮食生产服务，水源涵养服务的平均值相对最低（表 4-1）。

在北京、天津、河北三省市尺度上，四类生态系统服务的空间分布既有显著的区域差异性，又有一定的相似性。净生产力平均水平最高的是河北，达到 288.11 gC/m^2；其次是北京，为 249.54 gC/m^2；天

表 4-1 2010 年京津冀城市群生态系统服务估算结果

分类	净生产力 （gC/m²）	粮食生产 （t/km²）	水源涵养 （m³/km²）	土壤保持 （t/km²）
北京	249.54	41.31	263.75	250.31
天津	199.17	140.27	10.92	10.37
河北	288.11	190.45	110.41	243.65
京津冀	280.31	176.36	116.65	231.48

津相对最低，其净生产力值为 199.17 gC/m²。相比其他三类生态系统服务，三省市间的净生产力水平差距较小。粮食生产服务按照北京、天津、河北的顺序依次增加，河北的粮食生产平均水平为 190.45 t/km²，天津为 140.27 t/km²。北京的粮食生产服务与其他两省市有较大差距，主要由于受北京整体城市化和城市功能发展需求的影响，粮食生产功能不是北京的主要生态系统服务功能，北京的耕地面积为三省市中最小。三省市水源涵养和土壤保持的空间统计特征具有相似性，皆表现为天津的水源涵养和土壤保持服务水平远低于北京和河北。其中，天津的水源涵养平均水平仅为 10.92 m³/km²，而北京和河北分别为 263.75 m³/km²、110.41 m³/km²，分别为天津的 20 余倍和 10 倍之多；天津的土壤保持平均水平为 10.37 t/km²，北京和河北分别为 250.31 t/km² 和 243.65 t/km²。

在市域尺度上，生态系统服务在各城市的空间分布呈现不同的区域特征（图 4-1）。净生产力在各城市的统计结果总体差距较小，其中净生产力平均水平最低的是廊坊，为 203.98 gC/m²，最高的是承德，达到 387.73 gC/m²；粮食生产服务以张家口和承德的平均水平最低，分别为 33.76 t/km²、32.09 t/km²，最高的为衡水，其次是邯郸，分别达到 392.3 t/km²、380.35 t/km²，可以看出位于河北东南部的农业种植区域的城市拥有较高的粮食生产水平，而河北北部燕山山区的粮食生产水平较低，主要由于燕山山区耕地面积相对较少，地形和坡度等自然地理要素也对大面积的农业种植产生约束。

水源涵养和土壤保持在各城市的空间分布与三省市尺度上的空间特征较为相似，即呈现较大的区域分布差异。如衡水、沧州、廊坊的水源涵养服务平均水平仅分别为 0.027 m³/km²、0.09 m³/km²、1.37 m³/km²，远低于承德、保定、石家庄和秦皇岛等城市，这三个城市的水源涵养水平居前三位，分别达到 215.55 m³/km²、186.27 m³/km²、141.9 m³/km²；与水源涵养服务相似，衡水、沧州和廊坊的土壤保持服务水平居后三位，分别为 16.44 t/km²、14.67 t/km²、5.36 t/km²，而秦皇岛和承德分别达到 823.16 t/km²、407.82 t/km²。由此可以看出，京津冀城市群的水源涵养与土壤保持服务在空间分布上具有显著的相似性特征，粮食生产的空间分布主要受耕地分布的影响，净生产力相对其他三类服务的区域差异性较小。

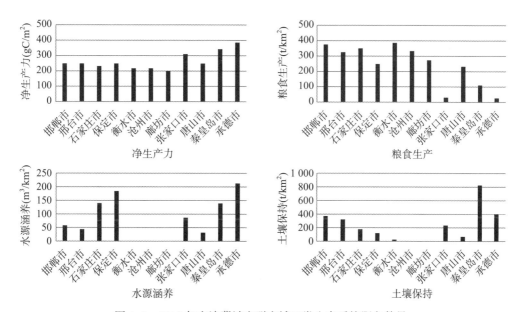

图 4-1 2010 年京津冀城市群市域四类生态系统服务数量

为了对生态系统服务的空间聚集程度进行定量评价，采取全局空间自相关分析方法与局部空间自相关分析方法，确定全局莫兰指数（Moran's I）与局部热点探测显著性统计量，以反映生态系统服务空间分布的聚集性特征。本章利用由 ArcGIS 生成的拓扑信息提供的空间对象邻接关系，采用一阶邻接关系矩阵构建空间权重系数矩阵。通过全局空间自相关统计模型计算得到京津冀城市群县域尺度生态系统服务的全局莫兰指数及其相应的显著性检验结果（表 4-2）。2000 年、2010 年四项生态系统服务空间分布均趋于空间聚集。从标准正态化后的 Z 值可以看到，各阶段 Z 值均大于正态分布函数在显著性水平为 0.05 时的临界值 1.96，具有统计学意义，空间分布形态呈现聚集性特征。2000—2010 年，水源涵养的莫兰指数未达到 0.1，全局空间相关性弱于其他服务。结合各项生态系统服务的空间分布特征，净生产力、粮食生产、水源涵养、土壤保持及其变化整体上均呈现空间聚集特征。

基于上述全局空间自相关性分析，生态系统服务局部热点探测（Getis-Ord Gi^*）分析如图 4-2 所示。净生产力的高值区连片分布于

表 4-2 京津冀城市群生态系统服务全局莫兰指数分析结果

年份	生态系统服务	莫兰指数	Z值	置信水平 p	空间格局
2000 年	净生产力	0.288 077	8.732 136	0.000 000	集聚
	粮食生产	0.450 501	13.443 319	0.000 000	集聚
	水源涵养	0.324 237	9.807 195	0.000 000	集聚
	土壤保持	0.350 407	11.205 620	0.000 000	集聚
2010 年	净生产力	0.309 129	9.360 481	0.000 000	集聚
	粮食生产	0.361 305	10.813 760	0.000 000	集聚
	水源涵养	0.326 097	9.861 977	0.000 000	集聚
	土壤保持	0.312 210	9.621 406	0.000 000	集聚
2000—2010 年	净生产力	0.330 193	9.927 009	0.000 000	集聚
	粮食生产	0.120 782	3.780 538	0.000 156	集聚
	水源涵养	0.013 436	10.639 139	0.042 468	弱集聚
	土壤保持	0.338 028	10.724 521	0.000 000	集聚

京津冀的北部和东北部县域，2000—2010 年呈扩张趋势，涵盖了张家口、承德和秦皇岛。低值区集中分布于沧州和天津南部县域，10 年间逐渐向沧州、保定、廊坊县域移动，沧州和天津沿海县域的净生产力显著上升。粮食生产的空间格局呈明显的南北分异，高值区集中于石家庄、衡水、邢台的县域，10 年间分布范围增大。低值区主要分布于张家口和承德县域，分布范围相对稳定。水源涵养高值区与低值区呈西北向空间分异，高值区呈条带状集中于保定、张家口、北京、承德的燕山和太行山区域。低值区主要位于天津、沧州、衡水、邢台和邯郸的东部县域。2000—2010 年，张家口的赤城县、蔚县和保定的涞源县、阜平县是水源涵养服务的集聚下降区。承德的滦平县、兴隆县和秦皇岛的昌黎县、抚宁县及天津的蓟县的水源涵养服务显著上升。2000—2010 年，土壤保持的空间格局变化较大。2000 年，土壤保持高值区集中在邯郸、邢台、石家庄的西部县域。低值区呈团块状分布于廊坊、保定、沧州及邢台县域。2010 年，低值区的分布范围呈缩减态势。京津冀北部和东北部出现两大土壤保持高值区，集中于张家口的赤城县、怀来县、涿鹿县，承德的宽城满族自治县、承德县、平泉县，秦皇岛的抚宁县、卢龙县及青龙满族自治县。10 年间，高值分布区的土壤保持水平显著下降，承德的宽城和平泉及秦皇岛县域的土壤

保持服务明显上升。水源涵养高值区的分布范围呈斑块状分布于西北部的山地区域，分别集中在保定西部县域和张家口、北京、承德交界的部分县域。低值区呈条带状分布于京津冀东南部的平原地区，主要位于天津、沧州、衡水及邢台和邯郸的东部县域。在"热点"—"次热点"与"冷点"—"次冷点"区域之间形成了一条"弧线形"的中间过渡带，该地带也是京津冀城市群的自然界线和过渡带。10年间，水源涵养高值区和低值区的空间分布范围变化均较小。

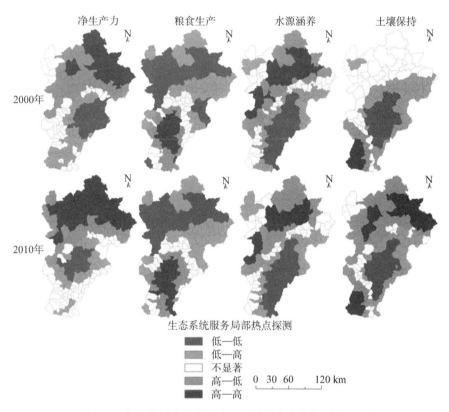

图 4-2 京津冀城市群县域生态系统服务空间格局热点图

与以上三类生态系统服务相比，土壤保持的空间分布格局变化较大。2000年，土壤保持的高值区主要集中在京津冀西南部区域的邯郸、邢台、石家庄的西部县域，且"热点"区的空间范围呈较小的缩减态势。低值区则呈南北向的团块状，分布于中部区域的廊坊、保定、沧州及邢台的交界县域，低值区分布的空间范围远大于高值区。"次冷点"的空间范围由东南部延伸到东北部区域，整个西北区域都呈现中间过渡水平。到2010年，北部和东北部出现了两大土壤保持的高值区，集中在北京与张家口的交界县域和承德与秦皇岛的东北部县域。10年间，"次热点"的空间范围也从北部区域呈条带状延伸到南部区域。与水源涵养的空间分布相似，土壤保持的中间过渡地带也分布于京津冀的自然界线区域。

相对于行政区划单元的空间统计结果，1 km×1 km 格网尺度能够更加精确地展示生态系统服务空间分布的细节特征（图4-3）。净生产力的高值区主要分布于京津冀北部的燕山山地区域和太行山山脉区域，低值区主要集中在北京、天津、石家庄等城市区域，及河北和天津的沿海区域。粮食生产服务呈现明显的东南—西北向二元结构模式，高值区沿着邯郸东部县域向邢台、石家庄、保定的县域延伸，直到唐山部分县域，其中在北京和天津交界处出现一个断裂区，但总体形态呈现一条"弧线形"的高值带区域。粮食生产功能的低值区呈连片分布于京津冀西北部地区。京津冀水源涵养服务和土壤保持服务的空间分布格局具有显著的区域相似性，均呈现西部太行山区域和东南部平原地区的二元结构格局，且形成一条明显的分界带，太行山区域是华北平原主要的水源供给地。这说明地形、坡度、降水、植被分布等自然地理因素是水源涵养与土壤保持功能的刚性约束条件，且水源涵养与土壤保持的空间分布呈现显著相关性。

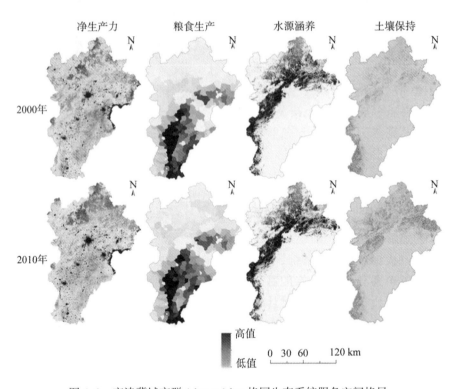

图 4-3　京津冀城市群 1 km×1 km 格网生态系统服务空间格局

综合以上多尺度的生态系统服务空间分布特征可以发现，在四类生态系统服务中，净生产力的平均水平相对最高，其空间分布差异在三省市尺度和市域尺度均相对较小，但在县域尺度和 1 km×1 km 格网尺度呈现明显的区域分布差异；粮食生产的空间分布格局受耕地分布影响较大，主要分布在以耕地为主要土地覆盖类型的京津冀东南部平原地区；水源涵养与土壤保持在三省市尺度、市域尺度、县域尺度分别呈现较大的区域差异性，但二者的空间分布呈现明显的空间相似性，1 km×1 km 格网尺度再次表明水源涵养与土壤保持的空间分布格局具有显著相似性。

4.2 生态系统服务时空变化特征

在京津冀全区、三省市、市域三个尺度生态系统服务平均水平统计结果的基础上，分别对以上三个尺度生态系统服务平均值的变化量和变化率进行计算和统计，对其进行多尺度时空变化特征的分析。利用 ArcGIS 的栅格计算工具，将 1 km×1 km 格网的两期生态系统服务数据分别进行叠加计算，得到 2000—2010 年四类生态系统服务变化图，并对 1 km×1 km 尺度的生态系统服务时空变化进行分析。

4.2.1 时间变化特征

从 2000—2010 年京津冀全区净生产力、粮食生产、水源涵养、土壤保持四类服务平均水平的变化情况可以看出（表 4-3），10 年间仅粮食生产服务呈增加趋势，净生产力、水源涵养、土壤保持均呈下降态势，其中净生产力的下降幅度和下降速率均为最高，平均值的变化量为 241.87 gC/m^2，下降率高达 46.42%。粮食生产由 2000 年的 143.08 t/km^2 增加到 2010 年的 176.36 t/km^2，增长率为 23.26%。10 年间水源涵养服务呈微弱的下降趋势，变化幅度仅为 1.35 m^3/km^2，变化率为负 1.15%。土壤保持服务由 2000 年的 294.8 t/km^2 下降为 2010 年的 231.48 t/km^2，下降率也达到 21.48%。可以看出四类生态系统服务的变化方向和速率各异，其中净生产力的下降速率最快，其

表 4-3　2000—2010 年京津冀城市群生态系统服务平均值的变化量和变化率

分类	净生产力（gC/m^2）	粮食生产（t/km^2）	水源涵养（m^3/km^2）	土壤保持（t/km^2）
变化量	−241.87	33.28	−1.35	−63.32
变化率	−46.32	23.26	−1.15	−21.48

次是粮食生产服务的增加速率，土壤保持服务的下降速率也较快，水源涵养服务的下降速率相对较小。

4.2.2 区域变化特征

在北京、天津、河北三省市尺度上，各类生态系统服务的变化趋势既与京津冀全区尺度具有相似性，同时也表现出明显的区域差异性（表 4-4）。北京、天津、河北的净生产力平均值均呈减少态势，减少量分别为 242.21 gC/m^2、164.6 gC/m^2、246.72 gC/m^2，以河北减少幅度最大，其次是北京，天津相对较小。2000—2010 年，三省市的净生产力平均值变化率差异较小，分别为 -49.25%、-45.25%、-46.13%。北京的粮食生产有较小幅度的减少，平均值的减少量为 4.02 t/km^2，下降率为 8.87%。10 年间，天津和河北的粮食生产水平均呈增加态势，增长量分别为 24.28 t/km^2 和 37.11 t/km^2，增长率分别为 20.93% 和 24.2%。2000—2010 年，三省市的水源涵养服务变化微弱，这与京津冀整体的水源涵养服务空间分布和变化趋势相同。但与北京和河北不同的是，天津的水源涵养服务水平呈现略微的增加，增长量为 0.75 m^3/km^2，增长率为 7.38%。虽然京津冀全区的土壤保持服务水平呈下降态势，但其在北京呈增加趋势，增长量和增长率分别为 70.21 t/km^2 和 38.99%，增长速率相对较快。可以看出，三省市尺度上的净生产力变化趋势与京津冀全区尺度相同，而在粮食生产、水源涵养、土壤保持服务中，分别表现为北京、天津、北京的变化方向与总体趋势不同的特征，由此说明，多尺度分析有利于逐层揭示生态系统服务的变化趋势及其之间的关系。

在市域尺度上（图 4-4），生态系统服务的区域变化呈现出更加复杂和多样的特征。净生产力的平均值呈现不同程度的下降趋势，其

表 4-4 2000—2010 年北京、天津、河北生态系统服务变化量和变化率

分类		净生产力（gC/m^2）	粮食生产（t/km^2）	水源涵养（m^3/km^2）	土壤保持（t/km^2）
北京	变化量	-242.21	-4.02	-0.55	70.21
	变化率	-49.25	-8.87	-0.21	38.99
天津	变化量	-164.60	24.28	0.75	-4.19
	变化率	-45.25	20.93	7.38	-28.77
河北	变化量	-246.72	37.11	-1.55	-78.73
	变化率	-46.13	24.20	-1.39	-24.42

中下降幅度最大的为秦皇岛,从 2000 年的 673.8 gC/m² 减小为 2010 年的 344.08 gC/m²,下降幅度高达 329.72 gC/m²,下降率为 48.93%。下降程度最小的是沧州,由 2000 年的 385.75 gC/m² 下降到 2010 年的 219.55 gC/m²,10 年间净生产力平均值的减少量为 166.2 gC/m²,下降率为 43.08%。净生产力下降速率最快的是石家庄,为 54.6%,其次就是下降幅度最高的秦皇岛,可见秦皇岛的净生产力平均水平不论是在下降幅度还是在下降率上都处于 11 个城市的高水平。

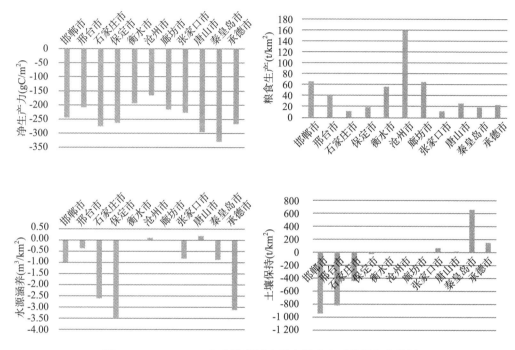

图 4-4 2000—2010 年京津冀城市群市域生态系统服务变化量

粮食生产的平均值在各城市呈现不同程度的增加趋势,其中增加幅度最大的是沧州,远高于其他城市,10 年间的增长量达到 159.89 t/km²,增长率相对其他城市也较高,高达 89.11%。廊坊、邯郸、衡水的粮食生产增长水平仅次于沧州,增长量分别为 65.8 t/km²、65.38 t/km²、56.14 t/km²,增长率相对较小,分别为 31.09%、20.76%、16.7%。但廊坊、邯郸、衡水粮食生产水平的增长量和增长率皆与沧州的差距较大。

与粮食生产水平的变化相反,衡水、沧州、廊坊的水源涵养变化量和变化率相对其他城市很微弱,而保定、承德、石家庄等粮食生产水平提高较小的城市却在水源涵养服务水平上发生了较大的下降趋势，减小量分别为 3.53 m³/km²、3.14 m³/km²、2.63 m³/km²，下降率分别为 1.86%、1.44%、1.84%，可以看出水源涵养服务水平的下降幅度和下降率的绝对值均相对较小，但却具有明显的区域差异性。结合上文中关于京津冀全区和三省市的变化分析发现，虽然在京津冀尺度和三省市尺度上水源涵养服务的变化程度不明显，但在市域尺度上却呈现出显著的区域差异特征。

与水源涵养服务水平的变化特征相似，衡水、沧州、廊坊的土壤保持变化程度微弱，邯郸的土壤保持平均值下降幅度最大，10 年间减少了 942.6 t/km²，下降率为 71.86%。其次是邢台和石家庄，分别减少了 832.81 t/km² 和 448.58 t/km²，下降率分别为 72.42% 和 71.41%。土壤保持水平呈增加趋势的城市较少，其中增加幅度最大的是秦皇岛，其次是承德和张家口，10 年间的增长量分别为 654.49 t/km²、155.57 t/km²、72.68 t/km²，增长率也相差较大，分别为 388.03%、61.93%、74.11%。秦皇岛的增长率高达 388.03% 是由于 10 年间土壤保持平均值的增长量高于 2000 年的基础值的缘故。

从以上分析可以看出，市域尺度上的净生产力水平变化与京津冀全区和三省市尺度相似，但空间差异性特征更为明显。粮食生产水平显著增长的城市在水源涵养和土壤保持功能上则呈现出微弱变化或减小的趋势。分析表明，在京津冀全区尺度、三省市尺度、市域尺度上，水源涵养与土壤保持的空间变化趋势均呈现出相似的区域分异特征，且与粮食生产服务形成显著的区域差异性。

在县域尺度上（图 4-5），生态系统服务具有显著的空间变化差

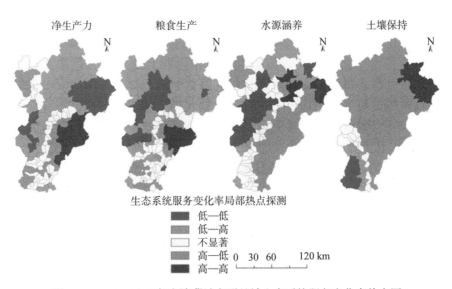

图 4-5　2000—2010 年京津冀城市群县域生态系统服务变化率热点图

异特征。净生产力平均水平在京津冀全区和市域尺度上均呈下降趋势，从县域尺度可以看出不同县域单元的下降态势。从2000—2010年县域单元净生产力平均值的变化率可以看出，净生产力下降率最低的区域主要分布于天津南部和沧州东北部县域，并在其外围向南延伸到衡水和邢台的部分县域。下降率较高的区域主要包括两部分：一部分呈带状沿京津冀西部的太行山地区分布，另一部分连片分布于京津冀东北部的燕山山地区域。粮食生产服务的高增长率区域主要集中在京津冀东中部的沧州市县域，其他高增长率县域零散分布于京津冀东南部平原的衡水、邢台、邯郸地区。结合粮食生产变化率的热点图，粮食生产在天津南部、沧州、衡水东部县域形成一个高增长区。粮食生产服务下降区主要分布于京津冀西北部和西部的山地区域，在张家口、北京、保定的交界县域形成一个粮食生产变化的低值区，这主要是由于这些区域的植被覆盖以林地和草地为主，耕地占比相对较小，粮食生产服务水平较低。

2000—2010年，从县域单元水源涵养服务平均值的变化率可以看出，水源涵养服务上升区零散分布于北京的密云县、张家口的张北县、承德的承德县、唐山的迁安市等。水源涵养服务下降区从京津冀北部承德的围场满族蒙古族自治县向西南部石家庄的井陉县延伸，结合水源涵养变化率的热点分布图可以看出，水源涵养下降区呈带状分布于京津冀西部的太行山沿线县域。水源涵养服务上升的"热点"区呈零散分布，与下降的"冷点"区呈条带状集中分布形成鲜明对比，"次热点"区域呈条带状广泛分布于京津冀东部区域，从唐山延伸到邯郸的县域。10年间，土壤保持服务的空间变化呈现独特的区域分异特征。土壤保持服务上升区主要分布于京津冀北部的承德和秦皇岛，在承德和秦皇岛交界县域形成一个土壤保持服务增加的高值区。土壤保持服务的下降区集中分布于京津冀西南部的石家庄、邢台、邯郸的西部县域，该区域位于河北和山西交界，处于太行山地区，土壤保持服务的大幅下降会对局地生态系统服务产生重要影响。结合土壤保持服务的热点分布图可以看出，土壤保持服务的上升区与下降区分别呈团块状分布在京津冀东南向两个"端点"区域。从"热点"到"冷点"之间依次为"次热点""中间过渡带""次冷点"区域，区域差异性十分明显。

4.2.3 空间变化分异

从2000—2010年京津冀生态系统服务 1 km×1 km 尺度的空间变化结果可以看出（图4-6），净生产力平均水平下降的区域呈蔓延状分布于京津冀的北部和西南部区域,其中从邯郸、邢台、石家庄、保定一直延伸到北京,形成一条下降带。另外,净生产力减少的区域呈斑块状分布于京津冀西部的太行山沿线区域、北部的燕山山地区域、东北部的唐山等。在衡水、沧州、天津等平原地区,净生产力呈增加态势,其中在沧州东北部和天津沿海区域出现净生产力增加的高值区。张家口西部区域的净生产力也呈显著增长趋势。由此可以看出,净生产力变化的区域范围广泛,在山地区域和平原区域均有增加或减少的趋势,在耕地分布区和林地、草地分布区也均有增加或减少的趋势,说明影响净生产力变化的因素不仅仅是地形、降水或植被类型等因素,而且有更加复杂的综合性原因。

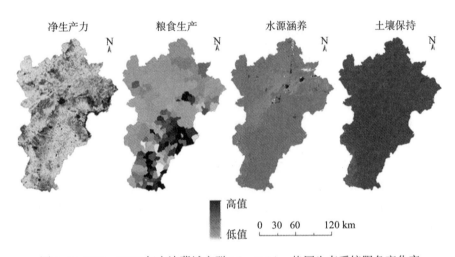

图 4-6　2000—2010 年京津冀城市群 1 km×1 km 格网生态系统服务变化率

综合京津冀、三省市、市域、县域及 1 km×1 km 格网尺度的生态系统服务变化分析可以发现,京津冀尺度上除粮食生产外,其他三类生态系统服务的平均水平均呈现下降趋势,其中以净生产力的下降幅度最大,水源涵养的下降幅度最小;在北京、天津、河北三省市尺度上,三省市生态系统服务变化的总体方向与京津冀尺度相似,但北京的粮食生产不同于天津和河北,呈增加趋势,其土壤保持服务也与天津和河北不同,呈增加趋势;在县域尺度上,各类生态系统服务变化呈现显著的区域差异;在 1 km×1 km 尺度上,生态系统服务变化的空间位置更加精细,变化的空间分异特征更加显著。值得注意的是,在京津冀、三省市、市域、县域及 1 km×1 km 格网尺度上,粮食生产水平的高值区域,其水源涵养和土壤保持水平相对较低。由此可以初步推测,粮食生产与水源涵养和土壤保持及水源涵养与土壤保持之间在空间统计和时空变化上具有密切的关联性。

4.3 生态系统服务供给多样性与综合性的空间分异特征

不同土地利用/覆盖类型区具有不同的生态系统服务主导类型和强度，各类生态系统服务之间存在复杂的相互作用关系。在上文中已经对土地利用/覆盖和生态系统服务的空间格局与时空变化进行了多尺度的系统分析，但以上分析均是对单一生态系统服务的空间分布和时空变化进行的分析，对生态系统服务之间时空分异特征的揭示相对有限。因此，为深入剖析各类生态系统服务之间的时空关系，需要对同一生态系统服务在不同空间单元之间的供给能力、某一空间单元上各类生态系统服务的供给能力进行分析和探讨，以求为协调不同生态系统服务之间的冲突提供基础。

4.3.1 生态系统服务多样性供给的空间分异

通过以上分析可以发现，县域尺度有利于揭示生态系统服务变化的格局与时空变化特征，帮助我们了解生态系统服务与土地利用/覆盖变化的时空分异规律。

对于某一空间单元来说，对不同类型生态系统服务具有不同的供给能力，能够提供的生态系统服务种类也不相同。因此，在单一生态系统服务时空变化分析的基础上，需进一步对同一空间单元上生态系统服务的供给种类进行探讨。为定量揭示各个县域的生态系统服务供给能力，采用以下方法对生态系统服务的多样化供给能力进行初步分析：将每一类生态系统服务的平均值作为划分标准，若空间单元的值高于生态系统服务的平均值，则判定该空间单元具有提供该类生态系统服务较强的能力；对所有县域单元高于各自平均值的生态系统服务数量进行赋值。例如，对于康保县而言，其四类生态系统服务的值均低于各自平均值，则将康保县赋值为 0。张北县粮食生产服务高于其平均值，则将张北县赋值为 1。以此类推，得到京津冀县域单元的生态系统服务供给数量。由于缺乏四类生态系统服务均高于各自平均值的县域，因此，最高赋值为 3，即三类生态系统服务高于其平均值。利用该方法在空间上统计不同县域能够提供生态系统服务的种类。

从县域单元生态系统服务类型供给数量的空间分布可以看出（图 4-7），2000 年，各类生态系统服务供给均低于各自平均值水平的县域数量为 34 个，说明各生态系统服务供给能力均不足的区域占整个研究区的 21%，且呈连片分布于天津、廊坊和沧州。具有提供一类生态系统服务能力的县域占33%，主要分布于邢台、衡水和保定的东部县域及沧州的西南部县域。具有提供两类生态系统服务能力的县域占33%，居四个类型区中最高，主要呈交错状分布于京津冀城市群北部张家口的赤城县、崇礼县，承德的滦平县、丰宁满族自治县，唐山的滦南县、迁西县等县域。另外，保定西部位于太行山周围的唐县、涞源县等也是该类型的主要分布区。具有提供三类生态系统服务能力的县域数量为22个，占总县域数量的13%，为四个类型区中最低，主要呈带状分布于京津冀东北部、北部和西南部的燕山与太行山区域。结合四个类型区的面积占比发现（图4-8），具有提供三类生态系统服务能力的县域占研究区总面积的21.7%，四类生态系统服务的供给能力均不足的县域占17.1%，能够提供一类和两类生态系统服务的县域分别占研究区总面积的28.9%、32.3%。可以看出，按照县域提供生态系统服务类型数量的由低到高，县域的空间格局呈现从沿海平原地区向内陆山地区域的圈层状分布趋势。

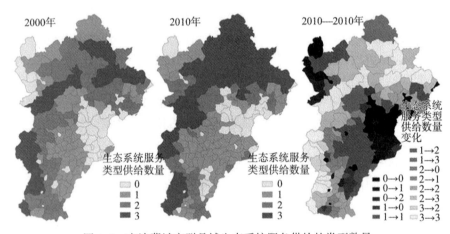

图4-7 京津冀城市群县域生态系统服务供给的类型数量

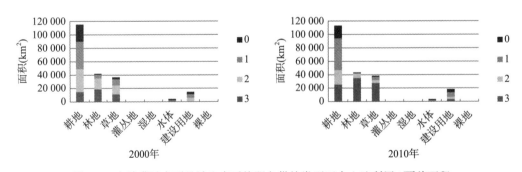

图4-8 京津冀城市群县域生态系统服务供给类型区内土地利用/覆盖面积

相比 2000 年，2010 年生态系统服务供给类型分区发生了较为明显的变化。各类生态系统服务供给能力均不足的区域由 34 个下降为 29 个，占县域总数量的 17.6%，分布区域较 2000 年呈缩小态势，占研究区总面积的比例由 2000 年的 17.1% 缩小为 12.8%。具有提供一类生态系统服务能力的县域则由 2000 年的 54 个上升为 69 个，占比增加为 41.8%。该类型的分布区域较 2000 年呈明显的扩张趋势，涵盖了沧州、保定、衡水和石家庄的大部分县域，占研究区总面积的 28.9%。具有提供两类生态系统服务能力的县域数量由 2000 年的 55 个下降为 33 个，占比下降为 20%。该类型的分布区域仅占研究区总面积的 15.6%，呈零散的斑块分布于一类生态系统服务区的周边县域。具有提供三类生态系统服务能力的县域由 2000 年的 22 个上升为 34 个，占比增加为 20.6%。该类型区域呈连片状分布于京津冀北部的承德、张家口东部、北京北部等燕山和太行山周围县域，占研究区总面积的比例由 2000 年的 21.7% 上升为 42.7%，分布区域较 2000 年呈明显扩张趋势。通过对 2000—2010 年县域单元的生态系统服务供给类型进行分析发现，2010 年研究区具有提供两类生态系统服务能力的县域比 2000 年减少了 22 个，而提供一类生态系统服务的县域增加了 15 个，提供三类生态系统服务的县域增加了 12 个。由此说明，10 年间提供两类生态系统服务的县域向两个不同的方向变化，部分县域的生态系统服务供给能力得到增强，具有了提供三类生态系统服务的能力，也有部分县域的生态系统服务供给能力向单一化发展，生态系统服务综合水平呈现弱化态势。

对不同生态系统服务供给类型区的土地利用/覆盖状况进行统计，进一步分析生态系统服务供给与土地利用/覆盖类型之间的关系。从统计结果可以看出，不同生态系统服务类型区的土地利用/覆盖分布具有明显的空间异质性。2000 年，四类生态系统服务供给均相对不足的区域的主要地类是耕地，其面积占该类型区总面积的 71.3%。与此类似，对于提供一类生态系统和两类生态系统服务的类型区来说，其主要地类均为耕地，区内耕地面积分别占类型区总面积的 65.3% 和 50%。对于具有提供三类生态系统服务能力的区域而言，林地面积最大，占该区域的 41.75%，其次是耕地，占该类区域总面积的 31.5%，草地次之，约占 23.6%。

2010 年，能够提供三类生态系统服务的类型区的主要地类为林地、草地和耕地。随着该类型区面积的增加，区内的耕地、林地和草地均比 2000 年增加了 10 424.48 km²、16 114.24 km²、16 540.47 km²。由于新增的县域面积远大于新增的地类面积，因此 2010 年该类型区中耕地、林地和草地均下降为 27.6%、39% 和 30.2%。通过以上分析可以看出，从各地类的面积来看，耕地是四类生态系统服务多样化功能区的主要地类，其中在提供一类生态系统服务类型区中的面积达到最大。10年间具有提供三类生态系统服务能力类型区的林地和草地显著增加，使生态系统服务供给的多样化格局发生了明显变化。

4.3.2 生态系统服务综合性供给的空间分异

为了识别四类生态系统服务在空间关联上的相似性和差异性，利用层次聚类法对生态系统服务进行聚类分析。层级聚类又称系统聚类法，其聚类过程是按照一定层次进行。首先，对2000年和2010年县域单元四类生态系统服务数据进行标准化。其次，利用凝聚型聚类法对标准化后的数据进行聚类分析。最后，将聚类分析结果进行空间制图，得到京津冀城市群生态系统服务综合性供给的空间分布图（图4-9，表4-5）。该聚类结果的空间分布虽然能够展示各县域单元四类生态系统服务之间的相似性和差异性关系，但无法揭示各空间类型区的功能和内涵。为进一步揭示以上空间类型区中不同生态系统服务之间的关系以及不同类型区之间的关系，故对各类型区中的生态系统服务进行分析。

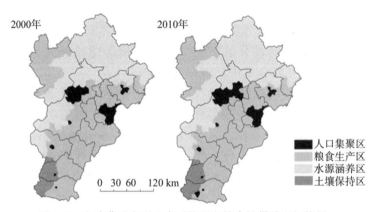

图4-9 京津冀城市群生态系统服务综合性供给空间格局

表4-5 京津冀生态系统服务综合性供给区划的平均值

年份	分类	净生产力	粮食生产	水源涵养	土壤保持
2000年	人口集聚区	1.89	1.12	0.27	0.04
	粮食生产区	0.17	0.40	0.50	0.29
	水源涵养区	1.10	0.88	1.61	0.09
	土壤保持区	0.19	0.67	0.80	4.21

续表 4-5

年份	分类	净生产力	粮食生产	水源涵养	土壤保持
2010年	人口集聚区	1.65	1.10	0.44	0.58
	粮食生产区	0.32	0.30	0.22	0.17
	水源涵养区	0.34	0.54	0.43	0.22
	土壤保持区	1.53	1.11	1.14	0.93

在聚类分析结果的基础上，对标准化后的各类型区生态系统服务平均值进行统计。比较四类生态系统服务平均值的大小，平均值较高的生态系统服务类型在该类型区中的主导功能较为明显，根据高值的生态系统服务类型对各类型区进行命名。结合该类型区的人口、经济、主导生态系统服务类型来对生态系统服务的综合性供给进行分析。

第一类区域属于人口集聚区，主要分布于北京市区和房山区，天津市区，河北保定、石家庄、邢台、邯郸、唐山的市辖区。这些区域是京津冀人口增长和经济发展的集中区，长期以来承担的主要功能是满足人类经济社会发展的生产、服务、管理等功能，建设用地是该类区域的主要地类，所能提供的生态系统服务能力均较低。2000—2010年该类区域的分布范围呈扩张趋势，新增了北京的通州区和顺义区。由此说明，10年间北京建设用地向通州区和顺义区的扩张已经对其生态系统服务的供给类型和供给能力产生影响。

第二类区域属于粮食生产区，主要分布于东南部平原地区。该类区域拥有地形平坦和土壤肥沃的优势，主要土地覆盖类型是耕地，具有很强的粮食生产供给能力，但10年间各县域粮食供给能力的平均水平有所下降。该类型区域面临土地利用/覆盖类型单一、土地开发和利用强度较大的问题，为了长期维持较高的粮食生产及其供给水平，实施集约型农业和轮作制度是实现生态系统服务可持续供给的主要途径。

第三类区域为水源涵养区，主要分布于京津冀北部和西北部的燕山和太行山山地区域。该区域以山地地形为主，拥有较高的植被覆盖度，具有较强的水源涵养和土壤保持能力，其中水源涵养服务远高于其他三类区域，是京津冀城市群重要的水源涵养服务区，然而10年间该类区域水源涵养服务的平均水平呈明显下降趋势。该区域的粮食生产能力较低，如何实现生态服务维持与恢复和经济发展的双赢，是该类型区可持续发展所面临的主要挑战。

第四类区域属于土壤保持区，主要分布于京津冀西南部太行山山区的局部县域，林地和草地是该类区域的主要土地类型，具有较强的水源涵养和土壤保持能力，其中土壤保持服务远高于其他三类区域。10 年间该区域水源涵养服务的平均水平有所增加，而土壤保持服务则呈明显的下降趋势。根据水源涵养服务和土壤保持服务的估算模型推断，水源涵养服务增加的主要原因是由于该类区域的林地面积较 2000 年呈增加趋势，而土壤保持服务减少不仅仅受到土地利用 / 覆盖类型和数量的变化，而且受到地形、坡度、土壤中各项成分及土壤保持措施等因素的影响。

4.4 生态系统服务的空间权衡关系

生态系统服务的产生依赖于生态系统的结构与过程，任何一种生态系统服务从发生到实现都不是单独存在的，各类服务之间具有相互作用关系，其中最主要的关系就是权衡或协同关系，权衡或协同关系研究的目的之一是为了能够提高生态系统服务水平的协同提升或恢复，尽可能减少它们之间的权衡。参考已有研究，对生态系统服务之间的相关性进行统计分析，认为具有负相关关系的生态系统服务之间可以表征为权衡关系，正相关关系的生态系统服务之间可以表征为协同关系，未通过显著性检验的生态系统服务之间尚未呈现权衡或协同关系。本章通过分析各类生态系统服务之间的相关关系和不同土地利用 / 覆盖类型生态系统服务的统计关系，来表征和解释京津冀生态系统服务之间的权衡关系及其与土地利用 / 覆盖类型之间的关系。由于四类生态系统服务具有不同的估算模型和量纲，为提高生态系统服务之间的可比性，需消除量纲对估算结果的影响，本章利用最大－最小值（max-min）法对各类生态系统服务进行标准化处理，具体公式如下：

$$S = \frac{X_i - X_{min}}{X_{max} - X_{min}} \quad （公式 4-1）$$

式中，S 为标准化后的值，介于 0 到 1 之间；X_i 为各类生态系统服务的估算结果；X_{min} 为估算结果中的最小值；X_{max} 为估算结果中的最大值。

在京津冀城市群的市域、县域、1 km×1 km 格网三个尺度上，利用 SPSS19.0 软件对四类生态系统服务的相关性进行计算和分析，分别得到多个尺度上生态系统服务之间的相关系数及显著性水平检验结果。根据相关系数对生态系统服务权衡 / 协同的表征作用，计算得到市域、县域、1 km×1 km 格网三个尺度生态系统服务之间的权衡 / 协同关系。

4.4.1 市域尺度的权衡关系

在市域尺度上（表4-6），不同生态系统服务之间存在不同的相关关系。2000年，净生产力与粮食生产服务之间存在线性关系，拟合后的R^2值[①]为0.388。其中，2000年净生产力与粮食生产服务具有负相关关系，相关系数为0.615，且通过了0.05显著水平的t[②]检验。同时，净生产力服务与水源涵养服务的拟合R^2值为0.588，说明净生产力与水源涵养服务之间具有相对明显的线性相关关系，且高于净生产力与粮食生产服务的相关程度。净生产力与水源涵养服务之间存在正相关关系，相关系数为0.783，且通过了0.01显著水平的t检验。其他服务之间的相关性系数均未通过0.01或0.05显著水平的t检验，说明2000年的净生产力与土壤保持服务、粮食生产与水源涵养服务及水源涵养与土壤保持服务之间均不具有显著的相关关系。2010年，净生产力与粮食生产服务之间的负相关关系更为显著，相关系数高达0.893，说明净生产力与粮食生产服务之间具有显著的相关关系。净生产力与水源涵养的相关程度略微下降，相关系数为0.761，且只通过了0.05显著水平的t检验。与2000年不同的是，净生产力与土壤保持服务呈现正相关关系，相关系数高达0.741。可以看出，2000年和2010年，在市域尺度上的净生产力与粮食生产服务均呈现显著的负相关关系，与水源涵养服务呈显著的正相关关系，以上两类生态系统服务之间的相关关系保持相对稳定。

表4-6 京津冀城市群市域尺度生态系统服务的皮尔逊（Pearson）相关性系数

年份	分类	净生产力	粮食生产	水源涵养	土壤保持
2000年	净生产力	—	—	—	—
	粮食生产	−0.615*	—	—	—
	水源涵养	0.783**	−0.428	—	—
	土壤保持	−0.051	0.415	0.049	—
2010年	净生产力	—	—	—	—
	粮食生产	−0.893**	—	—	—
	水源涵养	0.761*	−0.573	—	—
	土壤保持	0.741**	−0.426	0.535	—

注：*表示在0.05水平（双侧）上显著相关；**表示在0.01水平（双侧）上显著相关。

基于以上生态系统服务的相关性分析，得到 2000 年和 2010 年市域尺度生态系统服务的权衡与协同关系（表 4-7）。在市域尺度上，净生产力与粮食生产服务呈现权衡关系，即在人类活动促使粮食生产服务水平增加或提高的同时净生产力呈现下降状态，二者之间存在此消彼长的相互作用关系。净生产力与水源涵养服务呈现协同关系，即随着净生产力的增加，水源涵养服务水平也呈现增加或提高状态。其他服务之间由于不存在显著的相关关系，可以认为尚未呈现明显的权衡或协同关系。

表 4-7　京津冀城市群市域尺度生态系统服务的权衡/协同关系

生态系统服务类型	相互关系（2000 年）	相互关系（2010 年）
净生产力 – 粮食生产	权衡	权衡
净生产力 – 水源涵养	协同	协同
净生产力 – 土壤保持	—	协同
粮食生产 – 水源涵养	—	—
粮食生产 – 土壤保持	—	—
水源涵养 – 土壤保持	—	—

4.4.2　县域尺度的权衡关系

在县域尺度上（表 4-8），各类生态系统服务之间的相关关系明显强于市域尺度，除净生产力与粮食生产服务外，其他服务之间均通过了相关性显著性检验。2000 年，净生产力与粮食生产服务的相关性未通过显著性水平的 t 检验，说明二者之间不存在显著的相关关系。净生产力与水源涵养服务和土壤保持服务之间均具有正相关关系，且均通过了 0.01 显著水平的 t 检验，相关系数分别为 0.514 和 0.385，说明净生产力与水源涵养服务和土壤保持服务之间的相关性较弱。不同于净生产力，粮食生产服务与水源涵养服务和土壤保持服务均呈现负相关关系，相关系数分别为 0.558 和 0.378，说明粮食生产服务与水源涵养服务的相关程度高于与土壤保持服务的相关程度。不同于市域尺度的相关性分析结果，县域尺度的水源涵养服务与土壤保持服务出现了正相关关系，且通过了 0.01 显著水平的 t 检验，相关系数为 0.572，处于中度相关性水平。2010 年，净生产力与粮食生产服务虽然通过了 0.05 显著水平的 t 检验，但相关性系数仅为 0.249，表明二者之间的相关性程度较弱。净生产力与水源涵养服务和土壤保持服务依然呈现正相关关系，相关性系数相比2000年均有所增加，分别是0.553和0.671。与2000年相同，2010年的粮食生产服务与水源涵养服务和土壤保持服务均呈现负相关关系，但相关系数变为0.514和0.496，说明粮食生产服务与二者之间的负相关程度有所增加。水源涵养服务与土壤保持服务的相关关系也与2000年相同，依然呈正相关关系，相关系数增加为0.728，表明水源涵养服务与土壤保持服务之间的相关性程度较2000年有较大程度的增加。

表4-8 京津冀城市群县域尺度生态系统服务的皮尔逊相关性系数

年份	分类	净生产力	粮食生产	水源涵养	土壤保持
2000年	净生产力	—	—	—	—
	粮食生产	0.040	—	—	—
	水源涵养	0.514**	−0.558**	—	—
	土壤保持	0.385**	−0.378**	0.572**	—
2010年	净生产力	—	—	—	—
	粮食生产	−0.249*	—	—	—
	水源涵养	0.553**	−0.514**	—	—
	土壤保持	0.671**	−0.496**	0.728**	—

注：*表示在0.05水平（双侧）上显著相关；**表示在0.01水平（双侧）上显著相关。

基于以上县域尺度生态系统服务之间相关关系的分析，得到各生态系统服务之间的权衡/协同关系（表4-9）。对比市域尺度和县域尺度的权衡/协同关系可以看出，县域尺度生态系统服务之间的权衡/协同关系更加明显，2000年除净生产力与粮食生产外，其他生态系统服务在两个年份均呈现显著的权衡/协同关系。其中，净生产力与水源涵养服务、净生产力与土壤保持服务、水源涵养服务与土壤保持服务之间均呈现稳定的协同关系，说明对于以上每一对服务来说，其中一类服务水平增加的同时会带来另一类服务的增加。例如，水源涵养服务水平的增加能够促进土壤保持服务水平的提升，二者之间具有互惠互利、共同提高的相互作用关系。相反的是，粮食生产服务与水源涵养服务和土壤保持服务之间分别呈现稳定的权衡关系，说明粮食生产服务水平的增加会带来水源涵养或土壤保持能力水平的下降，粮食生产与水源涵养或土壤保持之间存在此消彼长的相互作用关系。这属于典型的供给服务的提高引发调节服务下降的情况，这也是生态系服务权衡/协同关系研究中所面临的突出的现实问题。

表 4-9　京津冀城市群县域尺度生态系统服务的权衡/协同关系

生态系统服务类型	相互关系（2000 年）	相互关系（2010 年）
净生产力 – 粮食生产	—	权衡
净生产力 – 水源涵养	协同	协同
净生产力 – 土壤保持	协同	协同
粮食生产 – 水源涵养	权衡	权衡
粮食生产 – 土壤保持	权衡	权衡
水源涵养 – 土壤保持	协同	协同

4.4.3　格网尺度的权衡关系

在 1 km×1 km 格网尺度上，各类生态系统服务之间的相关性检验均通过了 0.01 的显著性水平，但呈现不同的相关性程度（表 4-10）。2000 年，净生产力与粮食生产服务和水源涵养服务之间均具有正相关关系，相关系数分别为 0.287 和 0.395。净生产力与土壤保持服务之间具有负相关关系，但相关系数仅为 0.057，相关性微弱。粮食生产与水源涵养服务和土壤保持服务之间均呈现负相关关系，相关系数分别为 0.313 和 0.066，相关性程度较小。同时，水源涵养服务与土壤保持服务之间具有正相关关系，相关系数为 0.125。2010 年，净生产力与粮食生产服务之间的相关关系由 2000 年的正相关变为负相关，且相关系数增加为 0.371。净生产力与水源涵养服务之间的关系与 2000 年相同，呈现正相关关系，且相关系数变化不大。净生产力与土壤保持服务之间由 2000 年微弱的负相关关系转变为正相关关系，且相关系数略微增加。与 2000 年相同的是，粮食生产服务与水源涵养服务和土壤保持服务之间保持负相关关系不变，相关系数分别为 0.375 和 0.154，相关程度有所增加。2010 年水源涵养服务与土壤保持服务之间也保持正相关关系不变，相关系数增加为 0.263，相关程度有所增加。通过 1 km×1 km 尺度各类生态系统服务的相关性分析发现，2000—2010 年，净生产力与粮食生产服务由正相关关系转变为负相关关系，而净生产力与土壤保持服务则由负相关关系转变为正相关关系。其他生态系统服务之间的相关关系保持不变，且 10 年间各类生态系统服务之间的相关系数变化不大。

表 4-10　京津冀城市群 1 km×1 km 格网尺度生态系统服务的皮尔逊相关性系数

年份	分类	净生产力	粮食生产	水源涵养	土壤保持
2000 年	净生产力	—	—	—	—
	粮食生产	0.287**	—	—	—
	水源涵养	0.395**	−0.313**	—	—
	土壤保持	−0.057**	−0.066**	0.125**	—
2010 年	净生产力	—	—	—	—
	粮食生产	−0.371**	—	—	—
	水源涵养	0.364**	−0.375**	—	—
	土壤保持	0.197**	−0.154**	0.263**	—

注：* 表示在 0.05 水平（双侧）上显著相关；** 表示在 0.01 水平（双侧）上显著相关。

利用以上生态系统服务之间的相关关系，得到 1 km×1 km 格网尺度生态系统服务的权衡/协同关系（表 4-11）。可以看出，净生产力与水源涵养服务、水源涵养服务与土壤保持服务之间在 2000 年和 2010 年均表现为协同关系，说明在 1 km×1 km 格网尺度上，净生产力与水源涵养服务、水源涵养服务与土壤保持服务之间具有相互促进的作用关系。粮食生产服务与水源涵养服务和土壤保持服务之间分别呈现权衡关系，表明粮食生产服务的提高或增加会对水源涵养服务和土壤保持服务产生一定的抑制作用。

表 4-11　京津冀城市群 1 km×1 km 格网尺度生态系统服务的权衡/协同关系

生态系统服务类型	相互关系（2000 年）	相互关系（2010 年）
净生产力 – 粮食生产	协同	权衡
净生产力 – 水源涵养	协同	协同
净生产力 – 土壤保持	权衡	协同
粮食生产 – 水源涵养	权衡	权衡
粮食生产 – 土壤保持	权衡	权衡
水源涵养 – 土壤保持	协同	协同

根据京津冀市域、县域、1 km×1 km 格网三个尺度生态系统服务的相互作用关系，得到三个尺度上生态系统服务之间的权衡/协同

关系。2000 年与 2010 年，净生产力与水源涵养服务在三个尺度上均呈现协同关系。粮食生产服务和水源涵养服务在县域和 1 km×1 km 格网尺度上均呈现权衡关系。粮食生产服务和土壤保持服务之间的关系与水源涵养服务相同，均呈现权衡关系。水源涵养服务与土壤保持服务之间呈显著的协同关系。综合以上分析，在市域、县域、1 km×1 km 格网尺度上，净生产力与水源涵养服务、水源涵养服务与土壤保持服务之间呈稳定的协同关系，而粮食生产服务与水源涵养服务、粮食生产服务与土壤保持服务呈稳定的权衡关系。由此说明，京津冀生态系统服务权衡/协同关系具有一定的尺度效应，相同生态系统服务在不同尺度上的权衡或协同关系具有一定的差异。例如，粮食生产服务和水源涵养服务在市域尺度上不具有明显的权衡或协同关系，但在县域尺度和 1 km×1 km 格网尺度上则呈现权衡关系。

4.5 本章小结

通过京津冀全区、三省市、市域、县域、1 km×1 km 格网生态系统服务格局与变化的多尺度分析可以发现，四类生态系统服务的空间格局与变化具有较强的空间异质性特征。从生态系统服务的空间格局来看，净生产力呈南北分异的空间格局，粮食生产呈东南高、西北低的空间分异格局，水源涵养和土壤保持均呈西北高、东南低的空间分异格局。从整体变化趋势来看，京津冀全区的粮食生产服务上升，净生产力、水源涵养服务、土壤保持服务均下降，其中净生产力下降幅度最大。粮食生产服务在沧州南部和衡水东部县域形成一个具有高增长率的"热点"区。水源涵养服务形成沿一条京津冀北部承德的围场满族蒙古族自治县向西南部石家庄的井陉县延伸的下降带。土壤保持服务的上升区与下降区分别呈团块状分布在京津冀东南向两个"端点"，上升区主要集中在京津冀东北部秦皇岛和承德交界的部分县域，而下降区则主要分布于邢台和邯郸西部的部分县域。从县域单元生态系统服务多样性供给和综合性供给的能力来看，京津冀生态系统服务供给类型的多样性呈增加趋势，2000 年多类型供给区呈零散的条带状分布，到 2010 年，该类型区已经延伸式扩张到整个京津冀城市群北部和西北部县域。县域单元生态系统服务综合分区的空间分布变化较小，主要表现为人口集聚区的扩张。相比 2000 年，2010 年各类型区主导生态系统服务类型的供给水平有所下降。

2000—2010 年，京津冀城市群区县单元生态系统服务的供给数量呈现改善趋势。"1"类与"3"类区县的数量与面积占比均增加，分别来自"0"类与"2"类区县的转变。"0"类区县转变为"1"类区县主要分布于京津冀中东部的沧州,"1"类区县转变为"2"类区县的数量较少,交错分布于北京的昌平和顺义、张家口的宣化等,"2"类区县转变为"3"类的区县数量较多,主要分布于京津冀北部的承德、秦皇岛区县及西部的太行山区域。生态系统服务供给数量的等级结构与空间变化验证了2000年以来京津冀地区"退耕还林还草"及一系列生态工程实施的效用。

采用相关分析法对市域、县域、1 km×1 km 格网尺度生态系统服务的权衡关系进行定量计算和分析发现,净生产力与水源涵养服务、水源涵养服务与土壤保持服务之间呈稳定的协同关系,而粮食生产服务与水源涵养服务、粮食生产服务与土壤保持服务呈稳定的权衡关系。粮食生产服务和水源涵养服务在市域尺度上不具有明显的权衡或协同关系,但在县域尺度和 1 km×1 km 格网尺度上则呈现权衡关系,说明京津冀生态系统服务权衡/协同关系具有一定的尺度效应。不同土地类型具有不同的生态系统服务权衡关系。2000—2010年,耕地的粮食生产服务呈增加态势,土壤保持服务有所减小。林地、草地和灌丛地的水源涵养服务与土壤保持服务变化微弱。净初级生产力在耕地、林地、草地和灌丛地均表现为下降趋势。

第 4 章注释

① R^2 值表示拟合的模型能解释因变量变化的百分数。
② t 值表示单一解释变量对因变量解释程度的显著性水平。

第 4 章图表来源

图 4-1 至图 4-9 源自:笔者绘制.
表 4-1 至表 4-11 源自:笔者绘制.

5 县域尺度土地利用/覆盖变化对生态系统服务的影响

在对生态系统服务变化的影响因素进行分析时，假设生态系统服务变化受到来自土地利用/覆盖、社会发展、经济增长等综合因素的影响。本书希望通过生态系统服务变化的影响因素分析能够揭示人类活动驱动下的土地利用/覆盖、社会、经济因素如何对生态系统服务产生影响。同时，希望通过回归模型分析能够增强土地利用/覆盖变化（LUCC）影响生态系统服务变化这一论断。为增强影响因素分析结果对生态系统服务管理与决策的现实参考作用，在回归分析中选择以行政区划单元作为空间分析单元。由于三省市尺度上的行政单元仅有三个（北京、天津和河北），而市域尺度上的行政单元也仅有 11 个，均存在样本量太少而无法进行回归统计分析的问题。因此，本章从县域尺度上对京津冀生态系统服务变化的影响因素进行探讨和分析。

选择建立多元回归模型来对生态系统服务变化的影响因素进行分析，根据解释的具体目标确定自变量和因变量。人类活动驱动下的土地利用/覆盖因素是导致生态系统时空变化的重要驱动力，社会、经济因素通过对 LUCC 的影响来对生态系统服务变化产生驱动作用。在借鉴已有研究成果的基础上，把影响生态系统服务变化的因素分为三大类，即土地利用/覆盖因素、社会因素、经济因素，以上三类因素对生态系统服务变化的影响可以实现定量分析。拉德赛普-赫恩（Raudsepp-Hearne）等已经发现土地利用/土地覆盖对生态系统服务变化有很强的解释作用。在生态-社会-经济系统的发展实践中，政策因素已经开始对生态系统服务的保持和恢复发挥着具体而有效的作用，但由于管理和决策方面的影响因素难以合理量化。因此，在回归模型分析中不包括政策制度因素。需要说明的是，影响生态系统服务变化的因素具有多样性、复杂性和综合性特征，涉及自然环境、生物物理、社会经济等多个系统及其之间的相互作用。降水、温度、坡长与坡度、植被覆盖指数等因子对生态系统服务具有重要影响，但由于生态系统服务的估算模型中包含了这些因子，所以这些因子与生态系统服务之间存在高度相关性，故没有加入影响因素中。

5.1 指标体系构建

通过上文中对京津冀土地利用时空变化特征的分析，生态系统服务变化受到多个自变量的影响，现对影响生态系统服务变化的因素进行整理和提取。

由于县域尺度的空间单元较小，部分指标的数据获取具有一定难度。在考虑数据可获取性、科学性、合理性的条件下，对土地利用/覆盖因素、社会因素、经济因素的二级指标进行了选择，建立了影响京津冀城市群县域单元生态系统服务变化的指标体系（表5-1）。其中，土地利用/覆盖因素主要包括京津冀城市群主要地类的面积占比，耕地、林地、草地、灌丛地、建设用地受人类活动影响较大，对生态系统服务具有直接的影响作用。社会因素主要包括人口因素和城市化因素，具体包括人口密度（人/km²）、城镇化水平（%）、乡村人口比重（%）。人口增长是影响城市扩张的主要因素，为了满足人口对居住、生活消费、基础设施等方面的需求，诸多城镇通过"摊大饼"式的扩张方式不断改变着城镇周边的土地利用/覆盖状况。人口密度的增加或减少与生态系统提供产品和服务的能力密切相关，人口密度的增加会导致人类对土地利用类型和强度的增加，对生态系统格局与过程产生影响，进而影响生态系统服务的供给类型、强度及权衡关系，

表5-1 京津冀县域单元生态系统服务变化的影响因子

影响因素	指标	单位	代码
土地利用/覆盖因素	耕地面积占比	%	X_1
	林地面积占比	%	X_2
	草地面积占比	%	X_3
	灌丛地面积占比	%	X_4
	建设用地面积占比	%	X_5
社会因素	人口密度	人/km²	X_6
	城镇化水平	%	X_7
	乡村人口比重	%	X_8
经济因素	地均GDP	元/km²	X_9
	地均第一产业增加值	元/km²	X_{10}
	地均第二产业增加值	元/km²	X_{11}

发生了从人口变化到生态系统服务变化的一系列连锁反应。城镇人口占总人口的比重是衡量城镇化水平的重要指标，京津冀城市群中的北京、天津、唐山等城市随着城市化水平的提高，所带来的城市扩张、人口增加、产业调整均会对生态系统服务的供给产生影响。乡村人口比重与耕地的利用强度和空间分布有密切的关系，能够反映人类活动对耕地生态系统的影响程度。随着人口总量、密度及其空间分布的变化，人口因素已成为影响生态系统服务变化的重要驱动因素。经济因素包括地均GDP（元/km²）、地均第一产业增加值（元/km²）、地均第二产业增加值（元/km²）。国内生产总值是区域经济发展水平的基础指标，用地均第一产业增加值和地均第二产业增加值来表征区域的产业结构关系。在经济增长的压力下，产业结构转型与升级是区域发展过程中需要长期探索的任务和难题，在产业结构转型与升级道路的探索过程中，整体经济水平的增长与生态环境的健康发展之间已经产生了越来越大的矛盾。

在对自变量和因变量数据进行回归分析的过程中，为减小县域单元面积对计算过程产生的干扰，均采用相对指标量进行分析，有利于体现县域单元生态系统服务和影响因子之间更为客观的关系。现以县域作为空间分析单元，以生态系统服务作为因变量，以以上所选因子为自变量分别对2000年和2010年京津冀城市群生态系统服务变化的影响因素进行回归分析。

5.2 回归模型筛选

5.2.1 模型假设

回归分析是对具有因果关系的影响因素和解释对象所进行的数量统计分析，只有当自变量与因变量确实存在相关关系时，建立的回归方程才有意义。如果变量间不存在某种关系，对这些变量进行回归分析容易得出错误的结果。因此，在进行回归分析之前，首先需要明确作为自变量的因素与作为因变量的解释对象之间是否存在某种关系，以及这种关系的大小。通过对各个自变量与因变量进行线性拟合发现，作为因变量的各类生态系统服务分别与多个自变量之间存在线性相关关系。因此，可以假设自变量与因变量之间存在多元线性关系，可以建立如下多元线性回归模型：

$$Y_j = \lambda_0 + \lambda_1 X_1 + \lambda_2 X_2 + \cdots + \lambda_{11} X_{11} + \varepsilon_j \quad \text{（公式5-1）}$$

式中，Y_j为生态系统服务变化；λ_0为回归常数；$\lambda_1 \sim \lambda_{11}$为回归系数；$\varepsilon_j$为随机误差。

5.2.2 模型检验

在多元线性回归模型经典假设中，重要假设之一是解释变量之间不能存在显著相关关系，即解释变量中的任何一个变量都不能是其他变量的线性组合，否则就存在多重共线性。多重共线性会对线性回归模型产生如下影响：增大最小二乘估计量的方差；参数估计值不稳定，对样本变化敏感；检验可靠性降低，易产生弃真性错误。因此，需要对解释变量之间的多重共线性进行检验。相关性能够从一定程度上说明解释变量之间的线性关系，但需要特别注意的是，如果相关系数较大，则一定存在多重共线性，而如果相关系数较小，则不一定不存在多重共线性。因此，为确定解释变量之间是否存在显著的多重线性关系，在相关系数矩阵分析的基础上，再对解释变量的线性回归检验结果进行观测和分析。

采用相关系数法结合线性回归的共线性诊断来检验解释变量之间的多重共线性问题，具体步骤如下：首先，对自变量数据进行标准化；其次，利用SPSS软件对标准化后的自变量数据进行相关性分析，得到自变量之间的相关系数矩阵（R）；然后，对自变量的相关系数进行检查，绝对值越大表明该值所对应的两个自变量之间的相关关系越强，说明这两个自变量之间存在可代替性，即初步判断存在较高的多重共线性可能性；最后，进一步利用方差膨胀因子对自变量进行多重共线性检验，通常方差膨胀系数大于5则说明自变量之间存在多重共线性，方差膨胀系数越大表明多重共线性越严重。

根据以上多元线性回归模型的假设条件，需要对县域单元的生态系统服务与自变量因子所建立的多元线性回归模型做多重共线性诊断。首先，通过两两自变量因子之间的相关性系数进行判断。采用皮尔逊（Pearson）相关分析法，利用SPSS19.0软件的相关分析功能对标准化后的自变量数据做偏相关分析。通过相关系数和相关性的显著性检验水平可以看出，2000年影响生态系统服务变化的自变量之间存在明显的相关关系。例如，X_1（2000年耕地面积占比）与X_2（2000年林地面积占比）、X_3（2000年草地面积占比）、X_4（2000年灌丛地面积占比）、X_7（城镇化水平）、X_9（地均GDP）及X_{10}（地均第一产业增加值）之间均存在较高相关性，均通过了0.01水平的显著性检验，相关系数的绝对值分别达到0.814、0.703、0.345、0.267、0.229及0.529。X_2（2000年林地面积占比）与X_3（2000年草地面积占比）、X_4（2000年灌丛地面积占比）、X_5（2000年建设用地面积占比）之间具有较高的相关性，通过了0.01水平的显著性检验，相关系数绝对值分别为0.460、0.206、0.366。X_2（2000年林地面积占比）与 X_{10}（地均第一产业增加值）、X_{11}（地均第二产业增加值）的相关性也较高，相关系数分别为 0.406、0.284。X_3（2000 年草地面积占比）与 X_4（2000 年灌丛地面积占比）、X_5（2000 年建设用地面积占比）、X_6（人口密度）、X_{10}（地均第一产业增加值）、X_{11}（地均第二产业增加值）之间均存在高相关性，相关性水平均通过了 0.01 水平的显著性检验，相关系数绝对值分别为 0.511、0.397、0.155、0.481、0.314。由自变量因子的相关系数可知，影响县域单元生态系统服务变化的自变量因子之间存在较高的相关关系，说明自变量因子之间存在多重共线性。因此，不能直接对自变量因子进行多元线性回归分析。需要说明的是，相关系数高的自变量因子之间一定存在多重共线性，而相关系数较低的自变量因子之间不一定不存在多重共线性。

在以上相关性分析的基础上，为明确自变量因子之间多重共线性关系的严重程度，进一步采用方差膨胀因子的方法对自变量的多重共线性程度进行检验。以粮食生产服务为例，采用直接进入法对粮食生产服务与自变量因子做多元线性回归分析，得到自变量的方差膨胀系数和共线性诊断结果（表 5-2）。从自变量因子的方差膨胀系数可以看出，X_1、X_2、X_3、X_5、X_6、X_9 的 VIF 值均大于 5。其中 X_1 的 VIF 值最高，达到 24.101，其次为 X_9、X_6、X_2，VIF 值分别为 20.351、16.356、13.170。因此，结合以上方差膨胀系数的检验结果和相关性分析结果可以说明 2000 年影响生态系统服务变化的自变量因子之间存在多重共线性问题。

表 5-2 2000 年线性回归模型的方差膨胀因子（VIF）检验

模型		非标准化系数		标准系数	t	显著性	相关性			共线性统计量	
		B	标准误差	试用版			零阶	偏	部分	容差	VIF
1	常量	0.000	0.044	—	0.000	1.000	—	—	—	—	—
	X_1	0.408	0.216	0.408	1.894	0.060	0.654	0.151	0.083	0.041	24.101
	X_2	0.154	0.159	0.154	0.967	0.335	−0.482	0.078	0.042	0.076	13.170
	X_3	0.008	0.126	0.008	0.062	0.950	−0.550	0.005	0.003	0.121	8.250
	X_4	−0.002	0.052	−0.002	−0.040	0.968	−0.232	−0.003	−0.002	0.717	1.394
	X_5	0.400	0.123	0.400	3.266	0.001	0.104	0.255	0.143	0.128	7.792
	X_6	0.132	0.178	0.132	0.745	0.457	−0.078	0.060	0.033	0.061	16.356

续表 5-2

模型		非标准化系数		标准系数	t	显著性	相关性			共线性统计量	
		B	标准误差	试用版			零阶	偏	部分	容差	VIF
1	X_7	−0.359	0.067	−0.359	−5.341	0.000	−0.372	−0.396	−0.235	0.426	2.346
	X_8	−0.059	0.045	−0.059	−1.315	0.190	−0.090	−0.106	−0.058	0.948	1.054
	X_9	−0.262	0.198	−0.262	−1.324	0.187	−0.151	−0.106	−0.058	0.049	20.351
	X_{10}	0.416	0.061	0.416	6.832	0.000	0.715	0.484	0.300	0.520	1.921
	X_{11}	0.053	0.094	0.053	0.560	0.577	0.168	0.045	0.025	0.219	4.571

注：B 值表示回归拟合模型中各个解释变量的系数；t 值表示单一解释变量对因变量解释程度的显著性水平。

5.2.3 模型建立

从模型检验结果来看，自变量因子之间存在多重共线性，因此不能对自变量和因变量数据直接进行多元线性回归分析。解决多重共线性的方法较多，因子分析法属于方法之一。因子分析法可以通过线性变换，将原来具有较强相关关系的多个指标组合为相互独立的少数几个能充分反映总体信息的指标。其优势在于能在不丢失重要信息的前提下避开变量间的共线性问题，便于对原始指标进行分析。同时，自变量之间的高相关性也符合因子分析的前提条件。因此，首先采取因子分析法提取主因子，其次利用因子得分与因变量开展多元线性回归分析，最后利用主因子与原始变量之间的对应关系建立回归模型的估计方程。其具体步骤如下：① 对因变量和自变量数据进行标准化；② 利用 SPSS 软件对自变量因子进行因子分析，提取出能够涵盖原自变量信息的主因子；③ 对标准化的因变量与主因子进行回归分析；④ 根据主因子与自变量之间的关系，将其带入主因子回归方程，求得用原标准化数据表示的自变量因子的回归方程。

在对原始数据进行标准化处理后进行因子分析，首先巴特利特（Bartlett）球形检验值达到 1 687.828，相应概率为 0.000，可认为相关系数矩阵与单位阵之间存在显著差异（表 5-3）。同时，抽样适度测定值（KMO）为 0.645>0.5，根据凯撒（Kaiser）给出的 KMO 度量标准可知原始变量适合做因子分析。按照特征值大于 1 的原则选取主因子（表 5-4），三个主因子的累计方差贡献率为 73.804%，能够涵盖原始变量的大部分信息。根据旋转后的主因子载荷矩阵，第一主因子（FAC_1）对总方差的贡献率为 35.869%，它在 X_5（2000 年建设用地面积占比）、X_6（人口密度）、X_7（城镇化水平）、X_9（地均 GDP）、X_{11}（地均第二产业增加值）指标上有较大载荷，说明第一主因子在一定程度上代表了经济和社会发展水平，可定义为经济和人口主因子；第二主因子（FAC_2）的方差贡献率为 27.525%，在 X_1（2000 年耕地面积占比）、X_2（2000 年林地面积占比）、X_{10}（地均第一产业增加值）因子上有较大载荷，属于土地利用/覆盖主因子；第三主因子（FAC_3）的方差贡献率为 10.409%，在 X_4（2000 年灌丛地面积占比）和 X_8（乡村人口比重）指标上的载荷较大，属于乡村人口主因子。

表 5-3　2000 年 KMO 和巴特利特球形检验

取样足够度的 KMO 度量		0.645
巴特利特球形检验	近似卡方	1 687.828
	自由度	55
	显著性	0.000

表 5-4　2000 年旋转后的因子载荷、特征值和累计方差贡献率

代码	指标	FAC_1	FAC_2	FAC_3
X_1	耕地面积占比	−0.174	−0.927	0.081
X_2	林地面积占比	−0.179	0.796	0.092
X_3	草地面积占比	−0.195	0.785	−0.334
X_4	灌丛地面积占比	−0.118	0.456	−0.505
X_5	建设用地面积占比	0.889	−0.235	0.063
X_6	人口密度	0.947	0.019	−0.014
X_7	城镇化水平	0.708	0.177	0.176
X_8	乡村人口比重	−0.028	0.101	0.835
X_9	地均 GDP	0.969	0.078	−0.010
X_{10}	地均第一产业增加值	−0.069	−0.734	−0.145
X_{11}	地均第二产业增加值	0.836	−0.262	−0.096
	特征值	3.946	3.028	1.145
	贡献率（%）	35.869	27.525	10.409
	累计贡献率（%）	35.869	63.395	73.804

上述主因子是影响生态系统服务变化的主导因素，可以计算出各主因子的得分系数矩阵。主因子得分系数矩阵表征了各主因子与原自变量因子之间的关系，是建立原自变量与主因子、主因子与因变量函数关系的桥梁。从表 5-5 可知，第一主因子得分与原始变量之间存在如下线性关系：$FAC_1=-0.072X_1-0.027X_2-0.019X_3-0.003X_4+\cdots+0.211X_{11}$。根据因子得分系数可知原始变量对主因子的贡献水平，例如，X_9（地均 GDP）对第一主因子的贡献最大，得分系数为 0.252，其次是 X_6（人口密度），得分系数为 0.244。

表 5-5 2000 年因子得分系数矩阵

代码	指标	FAC_1	FAC_2	FAC_3
X_1	耕地面积占比	−0.072	−0.314	0.008
X_2	林地面积占比	−0.027	0.273	0.147
X_3	草地面积占比	−0.019	0.237	−0.235
X_4	灌丛地面积占比	−0.003	0.114	−0.414
X_5	建设用地面积占比	0.220	−0.051	0.013
X_6	人口密度	0.244	0.031	−0.039
X_7	城镇化水平	0.182	0.092	0.150
X_8	乡村人口比重	−0.029	0.096	0.756
X_9	地均 GDP	0.252	0.052	−0.031
X_{10}	地均第一产业增加值	−0.033	−0.262	−0.182
X_{11}	地均第二产业增加值	0.211	−0.074	−0.130

5.3 影响因素测度及其变化分析

5.3.1 影响因素的多元回归分析

利用因子分析结合回归分析的方法，得到因变量与原始自变量的多元线性关系。各主因子之间保持相互独立的关系，对因变量具有一定的解释作用。因此，首先在因子分析结果的基础上，以各生态系统服务为因变量，以因子分析计算得到的三个主因子（FAC_1、FAC_2、FAC_3）为自变量进行多元线性回归分析。其次根据主因子与原始变量之间的线性关系，求得因变量与原始变量多元回归模型的回归系数。

建立生态系统服务与三个主因子的多元回归模型如下：

$$\hat{y}_1 = e_0 + \hat{e}_1 F_1 + \hat{e}_2 F_2 + \hat{e}_3 F_3 + \delta_1 \quad \text{（公式 5-2）}$$

式中，$\hat{y}_1$ 为生态系统服务；e_0 和 $\hat{e}$ 分别为回归常数和回归系数；F_1、F_2、F_3 分别为对自变量进行因子分析所得到的三个主因子；δ_1 为随机误差。

从生态系统服务与三个主因子的多元线性回归分析结果来看（表5-6），土地利用/覆盖、社会、经济三类因素对生态系统服务均具有明显的影响作用。

表 5-6 2000 年生态系统服务与三个主因子的多元线性回归分析

分类	标准系数			R^2	F	t 统计量值			显著性
	FAC_1	FAC_2	FAC_3			t_1	t_2	t_3	
净生产力	−0.593	0.324	−0.178	0.848	188.227	−10.504	5.741	−3.146	0.000
粮食生产	−0.111	−0.751	−0.107	0.788	211.074	−2.186	−14.847	−2.106	0.000
水源涵养	−0.179	0.796	—	0.665	161.148	−3.929	17.517	—	0.000
土壤保持	—	0.271	—	0.792	112.886	—	3.590	—	0.000

注：F 表示多元线性回归模型中所有被解释变量与解释变量之间线性关系的显著性水平。

对作为因变量的净生产力与作为自变量的主因子做回归分析，采用逐步回归法对主因子能否进入回归模型进行筛选和剔除，经检验三个主因子均通过了检验。从主因子与因变量的回归分析结果来看，模型的拟合优度较好，R^2 值为 0.848，表明主因子对净生产力的解释水平为 84.8%。F 值和 t 值均通过了 0.001 水平的显著性检验。从回归模型的拟合方程来看，经济和人口因子和乡村人口因子对净生产力产生负向影响，土地利用/覆盖因子对净生产力具有正向影响。从回归系数来看，对净生产力变化影响程度最大的是经济和人口综合因子，影响系数为 −0.593。结合原自变量因子对净生产力服务变化的回归系数可知（表 5-7），建设用地面积占比、人口密度、地均 GDP 对净生产力的影响程度较大，影响系数分别为 0.149、0.128、0.127。土地利用/覆盖因子对净生产力服务变化同样发挥重要作用，影响系数为 0.324，主要表现为建设用地面积占比和草地面积占比的影响，且分别产生负向影响和正向影响，影响系数分别为 −0.149、0.130。由上文对净生产力时空变化的分析可知，京津冀大部分区域的净生产力呈下降趋势，其中最为明显的是北部山地区域。10 年间，山地区域受"植树造林"和"退耕还林还草"的影响，部分耕地转变为林地，林地增加的趋势十分明显，但新增的林地尚未形成成年的林木，净生产力的监测值低于原来的耕地。因此，2000年林地面积占比对净生产力服务变化的影响并不明显。乡村人口因子对净生产力变化的影响程度相对较小，影响系数为 −0.086。

表 5-7　2000年生态系统服务影响因子的线性回归系数

代码	指标	净生产力	粮食生产	水源涵养	土壤保持
X_1	耕地面积占比	−0.060	0.243	−0.237	−0.085
X_2	林地面积占比	0.078	−0.218	0.222	0.074
X_3	草地面积占比	0.130	−0.151	0.192	0.064
X_4	灌丛地面积占比	0.112	−0.041	0.091	0.031
X_5	建设用地面积占比	−0.149	0.012	−0.080	−0.014
X_6	人口密度	−0.128	−0.046	−0.019	0.008
X_7	城镇化水平	−0.105	−0.105	0.041	0.025
X_8	乡村人口比重	−0.086	−0.150	0.082	0.026
X_9	地均GDP	−0.127	−0.064	−0.004	0.014
X_{10}	地均第一产业增加值	−0.033	0.220	−0.203	−0.071
X_{11}	地均第二产业增加值	−0.126	0.046	−0.097	−0.020

采用逐步回归法对粮食生产服务与主因子进行回归分析，从回归模型的计算结果可以看出，方程拟合度较好，R^2 值为 0.788，表明主因子对粮食生产服务变化的解释水平达到 78.8%，解释度很高。F 值和 t 值均通过了 0.001 水平的显著性检验。从回归方程的拟合结果来看，三个主因子对粮食生产服务均具有负向影响，其中影响程度最大的是土地利用/覆盖因子，影响系数为 −0.751。结合原自变量因子的回归系数来看，耕地面积占比、林地面积占比、草地面积占比对粮食生产服务影响较大，影响系数分别为 0.243、−0.218、−0.151。地均第一产业增加值对粮食生产服务的影响也十分明显，影响系数为 0.220。乡村人口因子和经济和人口因子对粮食生产服务的影响系数分别为 −0.107、−0.111。粮食生产服务的供给离不开土地资源和农村劳动力资源，伴随城市化水平的迅速发展，农业人口逐渐向城市区域流动，从事的农业活动转变为非农业活动，导致真正从事农业活动的人口减少。因此，乡村人口对粮食生产服务的影响具有负向作用。由此说明，对京津冀城市群的粮食生产服务产生明显影响的因素主要是

耕地、林地、草地等地类的变化，这为京津冀城市群 LUCC 的管理和调整提供了依据。

与净生产力和粮食生产服务相同，采用逐步回归法对水源涵养服务与三个主因子进行回归分析。经检验，经济和人口主因子和土地利用/覆盖主因子进入回归模型。从计算结果来看，回归模型的拟合优度较好，R^2 值为 0.665，表明主因子对水源涵养服务的解释水平为 66.5%。F 值和 t 值均通过了 0.001 水平的显著性检验。从回归模型的拟合结果来看，经济和人口因子对水源涵养服务具有负向影响，影响系数为 -0.179。土地利用/覆盖因子对水源涵养服务产生正向影响，影响系数为 0.796，说明土地因素对水源涵养服务的影响程度强于经济和人口因素。结合原自变量因子的回归系数来看，耕地、林地和草地的面积占比是影响水源涵养服务最主要的驱动因素，回归系数分别为 -0.237、0.222、0.192。与土地因素接近的是地均第一产业增加值，说明农业生产在水源涵养变化中发挥了重要作用，影响系数为 -0.203。可以看出，耕地、林地和草地等土地利用/覆盖因子是影响水源涵养服务的主要因素。

采用逐步回归法对土壤保持服务与主因子做回归分析，发现只有土地利用/覆盖因子通过了检验，建立了一元线性回归模型。回归模型的拟合优度较好，R^2 值为 0.792，表明主因子对土壤保持服务的解释水平达 79.2%。F 值和 t 值均通过了 0.001 水平的显著性检验。从回归模型和回归系数来看，土地利用/覆盖因子对土壤保持服务具有正向影响，影响系数为 0.271。结合原自变量因子的回归系数，耕地、林地、草地的面积占比是对土壤保持服务影响程度最大的因子，影响系数分别为 -0.085、0.074、0.064。可以看出，各主因子对土壤保持服务变化的影响系数相差较小，影响程度较为接近。

从 2000 年县域单元生态系统服务影响因素的定量化回归分析可以看出，对净生产力服务产生显著影响的是经济和人口因子，主要包括建设用地面积占比、人口密度、地均 GDP 等因子；对粮食生产服务、水源涵养服务、土壤保持服务影响最大的均为土地利用/覆盖因子，其中耕地、林地、草地面积占比的影响程度最大。地均第一产业增加值对粮食生产服务和水源涵养服务影响较大，地均第二产业增加值对净生产力影响较大。

根据以上指标体系、分析方法和计算流程，对 2010 年京津冀城市群生态系统服务变化的影响因素进行计算和分析。假设 2010 年影响生态系统服务变化的自变量与因变量之间存在多元线性关系，并建立多元线性回归模型。利用相关性分析和方差膨胀因子分别对 2010 年生态系统服务影响因素进行多重共线性检验，检验结果显示自变量之间存在多重共线性问题（表5-8、表5-9）。

表5-8 2010年线性回归模型的方差膨胀因子（VIF）检验

分类	非标准化系数		标准系数	t	显著性	共线性统计量	
	B	标准误差	试用版			容差	VIF
常量	0.000	0.047	—	0.000	1.000	—	—
X_1	0.622	0.219	0.622	2.838	0.005	0.047	21.243
X_2	0.195	0.164	0.195	1.192	0.235	0.084	11.891
X_3	0.004	0.136	0.004	0.026	0.979	0.123	8.135
X_4	0.044	0.059	0.044	0.751	0.454	0.659	1.518
X_5	0.340	0.152	0.340	2.243	0.026	0.098	10.183
X_6	−0.021	0.087	−0.021	−0.238	0.812	0.298	3.357
X_7	−0.367	0.075	−0.367	−4.886	0.000	0.401	2.494
X_8	−0.049	0.050	−0.049	−0.979	0.329	0.907	1.102
X_9	−0.014	0.049	−0.014	−0.276	0.783	0.926	1.080
X_{10}	0.269	0.060	0.269	4.508	0.000	0.637	1.570
X_{11}	0.004	0.061	0.004	0.068	0.946	0.618	1.619

表5-9 2010年线性回归模型的共线性诊断

维数	特征值	条件索引	方差比例											
			常量	X_1	X_2	X_3	X_4	X_5	X_6	X_7	X_8	X_9	X_{10}	X_{11}
1	3.414	1.000	0.00	0.00	0.00	0.01	0.02	0.00	0.01	0.00	0.00	0.01	0.02	0.02
2	2.583	1.150	0.00	0.00	0.00	0.00	0.00	0.02	0.03	0.00	0.00	0.02	0.01	
3	1.118	1.748	0.00	0.00	0.00	0.00	0.01	0.00	0.00	0.00	0.58	0.11	0.01	0.05
4	1.000	1.848	1.00	0.00	0.00	0.00	0.00	0.00	0.00	0.00	0.00	0.00	0.00	0.00
5	0.964	1.882	0.00	0.00	0.01	0.01	0.24	0.00	0.00	0.01	0.00	0.40	0.03	0.00
6	0.876	1.975	0.00	0.00	0.01	0.00	0.18	0.00	0.01	0.00	0.15	0.44	0.00	0.00
7	0.606	2.375	0.00	0.00	0.03	0.00	0.03	0.00	0.01	0.00	0.11	0.00	0.44	0.18
8	0.496	2.625	0.00	0.00	0.00	0.00	0.00	0.01	0.04	0.02	0.05	0.01	0.36	0.68
9	0.464	2.714	0.00	0.00	0.00	0.01	0.00	0.24	0.47	0.00	0.01	0.02	0.02	0.00
10	0.344	3.152	0.00	0.00	0.02	0.17	0.51	0.00	0.03	0.00	0.09	0.00	0.09	0.03
11	0.114	5.484	0.00	0.04	0.01	0.00	0.01	0.45	0.65	0.41	0.01	0.02	0.00	0.02
12	0.023	12.102	0.00	0.95	0.91	0.80	0.00	0.53	0.01	0.01	0.00	0.00	0.01	0.00

对标准化后的自变量数据进行因子分析检验，其中巴特利特球形检验值达到 1 093.500，相应概率为 0.000，可认为相关系数矩阵与单位阵之间存在显著差异（表 5-10）。同时，KMO 测度为 0.572>0.5，根据凯撒给出的 KMO 度量标准可知原始变量可以做因子分析。

表 5-10　2010 年 KMO 和巴特利特球形检验

取样足够度的 KMO 度量		0.572
巴特利特球形检验	近似卡方	1 093.500
	自由度	55
	显著性	0.000

按照特征值大于 1 的原则，对标准化后的自变量数据进行主因子提取，得到三个主因子，旋转后累积方差贡献率为 64.683%。根据旋转后的主因子载荷矩阵（表 5-11），第一主因子对总方差的贡献率为 28.117%，它在 X_1（2010 年耕地面积占比）、X_2（2010 年林地面积占比）、X_3（2010 年草地面积占比）、X_4（2010 年灌丛地面积占比）、X_{10}（地均第一产业增加值）指标上均有较大载荷，说明第一主因子能够反映土地利用/覆盖状况，可以定义为土地利用/覆盖主因子；第二主因子的方差贡献率为 26.270%，它在 X_5（2010 年建设用地面积占比）、X_6（人口密度）、X_7（城镇化水平）、X_{11}（地均第二产业增加值）指标上有较大载荷，代表了经济和社会发展水平，可定义为经济和人口主因子；第三主因子的方差贡献率为 10.297%，它在 X_8（乡村人口比重）和 X_9（地均 GDP）上有较大载荷，属于乡村人口主因子。

表 5-11　2010 年旋转后的因子载荷、特征值和累计方差贡献率

代码	指标	FAC_1	FAC_2	FAC_3
X_1	耕地面积占比	−0.921	−0.242	0.022
X_2	林地面积占比	0.769	−0.162	0.040
X_3	草地面积占比	0.805	−0.195	−0.197
X_4	灌丛地面积占比	0.552	−0.148	−0.135
X_5	建设用地面积占比	−0.233	0.918	0.101
X_6	人口密度	0.019	0.851	0.117
X_7	城镇化水平	0.162	0.804	0.117
X_8	乡村人口比重	0.034	−0.107	0.885
X_9	地均 GDP	−0.116	0.238	0.400

续表 5-11

代码	指标	FAC_1	FAC_2	FAC_3
X_{10}	地均第一产业增加值	−0.722	−0.044	−0.147
X_{11}	地均第二产业增加值	−0.288	0.679	−0.266
	特征值	3.093	2.890	1.133
	贡献率（%）	28.117	26.270	10.297
	累计贡献率（%）	28.117	54.386	64.683

通过因子分析得到主因子得分系数矩阵（表 5-12），建立主因子与原自变量之间的线性关系。主因子与自变量之间存在如下线性关系：$FAC_1=-0.314X_1+0.247X_2+0.254X_3+\cdots-0.067X_{11}$。

表 5-12　2010 年因子得分系数矩阵

代码	指标	FAC_1	FAC_2	FAC_3
X_1	耕地面积占比	−0.314	−0.129	0.021
X_2	林地面积占比	0.247	−0.025	0.051
X_3	草地面积占比	0.254	−0.023	−0.158
X_4	灌丛地面积占比	0.174	−0.021	−0.107
X_5	建设用地面积占比	−0.034	0.310	0.043
X_6	人口密度	0.046	0.297	0.064
X_7	城镇化水平	0.091	0.287	0.067
X_8	乡村人口比重	0.016	−0.079	0.793
X_9	地均 GDP	−0.023	0.060	0.344
X_{10}	地均第一产业增加值	−0.241	−0.041	−0.137
X_{11}	地均第二产业增加值	−0.067	0.241	−0.272

分别以 2010 年四类生态系统服务为因变量，以三个主因子（FAC_1、FAC_2、FAC_3）为自变量进行多元线性回归分析（表 5-13），R^2 值均大于 0.63，说明回归模型的拟合优度较好，对生态系统服务的解释水平较高，回归方程和系数均通过了 0.001 水平的显著性检验。在生态系统服务与主因子回归分析的基础上，结合因子得分系数进一步计算得到因变量与原始变量的线性回归系数（表 5-14）。

表 5-13　2010 年生态系统服务与三个主因子的多元线性回归分析

分类	标准系数			R^2	F	t 统计量值			显著性
	FAC_1	FAC_2	FAC_3			t_1	t_2	t_3	
净生产力	0.553	−0.609	−0.202	0.725	138.511	14.100	−14.539	−4.827	0.000
粮食生产	−0.730	−0.197	—	0.747	107.142	−14.231	−3.827	—	0.000
水源涵养	0.768	−0.159	—	0.638	131.647	15.327	−3.271	—	0.000
土壤保持	0.606	−0.150	—	0.810	155.701	9.571	−2.437	—	0.000

表 5-14　2010 年生态系统服务影响因子的线性回归系数

代码	指标	净生产力	粮食生产	水源涵养	土壤保持
X_1	耕地面积占比	−0.097	0.285	−0.259	−0.183
X_2	林地面积占比	0.172	−0.141	0.175	0.117
X_3	草地面积占比	0.194	−0.186	0.129	0.142
X_4	灌丛地面积占比	0.185	−0.143	0.126	0.118
X_5	建设用地面积占比	−0.241	−0.052	−0.061	−0.072
X_6	人口密度	−0.183	−0.185	−0.019	−0.016
X_7	城镇化水平	−0.145	−0.132	0.014	0.021
X_8	乡村人口比重	−0.116	0.010	0.032	0.013
X_9	地均 GDP	−0.121	0.011	−0.031	−0.019
X_{10}	地均第一产业增加值	−0.078	0.179	−0.125	−0.129
X_{11}	地均第二产业增加值	−0.137	0.007	−0.089	−0.105

根据净生产力与主因子的回归分析结果可知，经济和人口因子和乡村人口因子对净生产力产生负向影响，土地利用/覆盖因子对净生产力具有正向影响。从回归系数来看，对净生产力变化影响程度最大的是经济和人口因子，影响系数为 −0.609。结合原自变量因子对净生产力服务的回归系数，其中建设用地面积占比、人口密度、城镇化水平、地均 GDP 是最主要的影响因素，影响系数分别为 −0.241、−0.183、−0.145、−0.121，且均具有负向影响。土地利用/覆盖因子对净生产力服务的影响略低于经济和人口因子，影响系数为 0.553。主要表现为草地面积占比、林地面积占比的影响，影响系数分别为 0.194、0.172。乡村人口因子对净生产力的影响相对较小，影响系数为 −0.202。

从粮食生产服务与主因子的回归分析结果可知，2010年对粮食生产服务影响程度最大的是土地利用/覆盖因子，影响系数为-0.730。从各原自变量因子的回归系数可知，耕地、林地、草地和灌丛地面积占比的影响程度较大，影响系数分别为0.285、-0.141、-0.186、-0.143。经济和人口因子的影响程度远小于土地利用/覆盖因子，影响系数为-0.197。其中主要表现为城镇化水平和人口密度的影响，影响系数分别为-0.132、-0.185。

根据水源涵养服务与主因子的回归分析结果，2010年对水源涵养服务影响程度最大的是土地利用/覆盖因子，影响系数为0.768。耕地、林地、草地和灌丛地的影响系数分别为-0.259、0.175、0.129、0.126，远高于其他自变量因子的影响系数。其中，耕地对水源涵养服务具有负向影响作用。经济和人口因子对水源涵养服务的影响系数为-0.159，远低于土地利用/覆盖因子的影响程度。与粮食生产服务类似的是，地均第一产业增加值是经济和人口因子中水源涵养服务影响程度相对最大的因子，影响系数为-0.125。与粮食生产服务不同的是，其对水源涵养具有负向影响。

从土壤保持服务与主因子的回归分析结果来看，2010年对土壤保持服务影响程度最大的也是土地利用/覆盖因子，影响系数为0.606。其中，耕地、林地、草地和灌丛地的影响系数分别为-0.183、0.117、0.142、0.118。经济和人口因子对土壤保持服务的影响系数为-0.150，主要表现为地均第一产业增加值的影响，影响系数为-0.129。结合粮食生产服务、水源涵养服务和土壤保持服务的回归分析结果，土地利用/覆盖因子的影响程度远大于经济和人口因子，地均第一产业增加值是影响这三类服务的主要经济和人口因子。耕地和地均第一产业增加值对粮食生产服务具有正向影响，林地、草地和灌丛地对粮食生产服务均产生负向影响。与此相反的是，耕地和地均第一产业增加值对水源涵养和土壤保持均产生负向影响，林地、草地和灌丛地对水源涵养服务和土壤保持服务均具有正向影响。

5.3.2 影响因素的时间变化特征

比较2000年和2010年生态系统服务影响因素的分析结果，通过因子分析法对2000年原始自变量提取的第一主因子是经济和人口主因子，方差贡献率为35.869%，第二主因子是土地利用/覆盖主因子，方差贡献率为27.525%。2010年土地利用/覆盖因子成为第一主因子，方差贡献率为28.117%，经济和人口因子成为第二主因子，方差贡献率为26.270%。这说明土地利用/覆盖因子对生态系统服务的解释作用有所增强。2000—2010年，土地利用/覆盖因子和经济和人口因子对生态系统服务的影响程度均呈增强趋势。土地利用/覆盖因子对净生产力和土壤保持的影响系数上升，主要表现为耕地、林地、草地、灌丛地面积占比的影响，其中对土壤保持的影响系数增加幅度大于净生产力。经济和人口因子对土壤保持产生显著影响，主要表现为建设用地面积占比和地均第一产业增加值影响系数的上升。这说明2000—2010年土地利用/覆盖对净生产力和土壤保持服务的影响程度呈增强趋势，经济和人口因素对土壤保持服务影响的显著性提高。

综合2000年和2010年京津冀城市群生态系统服务影响因素的总体分析，通过构建土地利用/覆盖因素、社会因素、经济因素的自变量指标体系，采用因子分析法、回归分析法对县域单元生态系统服务影响因素进行分析，能够从定量角度反映和揭示影响生态系统服务变化的直接因素和间接因素、主导因素和次生因素之间的关系等。同时，增强了LUCC影响生态系统服务变化这一论断，也揭示了社会经济活动对生态系统服务的影响程度和影响方式，为探讨人类活动对生态系统服务影响提供了研究基础。

5.4　本章小结

建立影响生态系统服务的综合指标体系，采用因子分析法和回归分析法相结合的方法，分别对2000年、2010年生态系统服务的影响因素进行分析和探讨。经过分析发现，对粮食生产、水源涵养、土壤保持影响最大的均为土地利用/覆盖因子，对净生产力影响最大的是经济和人口因子。对粮食生产、水源涵养、土壤保持影响程度最大的均为耕地面积占比，对净生产力影响程度最大的是草地和林地面积占比。耕地面积占比对粮食生产具有正向影响，对水源涵养和土壤保持均产生负向影响。林地、草地和灌丛地面积占比则恰恰相反。2000—2010年，土地利用/覆盖因子对生态系统服务的影响程度呈增强趋势。其中，耕地、林地和草地面积占比对净生产力与土壤保持的影响程度均明显增强。经济和人口因子对生态系统服务的影响程度亦呈上升趋势，人口密度、城镇化水平、地均第一产业增加值对净生产力、粮食生产和土壤保持的影响程度均明显增加。通过比较2010年与2000年各影响因素的回归系数发现，土地利用/覆盖因子对生态系统服务的解释作用强于经济和人口因子。

第5章表格来源

表5-1至表5-14源自：笔者绘制.

6 格网尺度土地利用/覆盖变化对生态系统服务的影响

6.1 生态系统服务空间分异的影响因素

在开展生态系统服务时空格局与变化评估的基础上，对京津冀城市群生态系统服务变化影响因素的探究已逐渐增多。国内外针对生态系统服务变化影响因素的研究已十分广泛。已有研究表明，土地利用转型、城市扩张、土地利用变化等土地利用/覆盖因素是生态系统服务变化的直接驱动因素，主要是由于土地利用/覆盖变化直接改变着生态系统的结构与功能，进而影响生态系统服务变化。学者们通过土地类型转换、土地退化、景观格局变化、土地利用强度变化等指标定量揭示土地利用/覆盖变化对生态系统服务的影响。除此之外，地形、土壤、生物物理、气候等因素也对生态系统服务变化具有重要影响，这些自然因素主要通过对生态过程的影响进而决定生态系统服务的时空分布。对于与人类活动相关的社会经济因素，一方面，已有研究从经济与人口对生态系统服务需求的角度来揭示社会经济因素对生态系统服务权衡与需求的影响。纵观已有研究，将自然因素、土地利用因素、社会经济因素综合纳入生态系统服务影响框架的研究较少。另一方面，已有研究多采用回归分析法对影响因素进行分析，忽视了生态系统服务影响因素的分层异质性，对不同影响因子进行定量分解的研究更少。

事实上，生态系统服务的影响因素具有综合性、复杂性和时空异质性，自然因素、土地利用变化、社会经济发展等因素共同对生态系统服务的时空分布产生影响，且影响作用具有区域差异性。据此，本章采用物质量评估法对京津冀城市群生态系统服务进行定量估算，运用空间自相关与统计方法系统分析生态系统服务供给的时空特征、类型数量及其与土地利用变化的关系，利用地理探测器法识别生态系统服务的主导影响因子，定量揭示生态系统服务空间分异的影响机制，以期为京津冀协同发展与人类福祉提升提供有价值的基础科学信息，推动生态系统服务研究由关系认知向行为决策的方向发展。

综合京津冀城市群自然地理、社会经济及政策管理等特征，考虑影响因子的科学性、可获得性、可量化性等，选取与京津冀生态系统服务空间分异密切相关的自然因子和人文因子作为各项生态系统服务的解释变量：高程（DEM）、坡度（Slope）、归一化植被指数（NDVI）、到最近河流的距离（DNRi）、到最近公路的距离（DNRo）、到最近城市中心的距离（DDC）、人口密度（PD）、城市化率（UR）。由于京津冀城市群生态系统服务的测算结果以 1 km×1 km 格网为最小单元，为提高自变量因子与被解释因子的空间关联性，对影响因子进行空间化时均统一为 1 km×1 km 格网数据。首先，利用 GIS 软件的数据空间统计方法将高程和坡度数据的最小分辨率单元上升到 1 km×1 km。其次，利用空间邻域分析的方法分别获取到最近河流的距离（DNRi）、到最近公路的距离（DNRo）、到最近城市中心的距离（DDC）数据。再次，利用 GIS 软件将县域单元的人口密度（PD）和城市化率（UR）矢量数据转换为栅格数据，通过设置栅格大小得到这两个因子的 1 km×1 km 格网数据。

在利用地理探测器对生态系统服务影响因子进行分析之前，首先利用自然断裂点法对各因子进行分类，将作为自变量的影响因子由数值量转化为地理探测器所需的类型量。由于地理探测器的最大可容纳数据量为 32 767 行，而京津冀城市群 1 km 格网数据的格网数量为 419 594 个，超出了地理探测器所能容纳的最大数据量。因此，在考虑计算精度与效率平衡的基础上，选择均匀抽样法来提取样本。样本格点间距为 1 km，抽样得到的样本量为 8 085 个。将每个格点与其对应的因变量和自变量进行匹配。

6.2 生态系统服务空间分异的主导影响因素

通过 2000 年、2010 年各因子对生态系统服务影响程度的 Q 统计值与显著度 P 值（表 6-1）可以看出，除 2000 年到最近河流的距离因子对土壤保持的检验结果外，其他各因子的 Q 统计值均为 0.000 0，说明各因子对生态系统服务的影响存在显著的空间分异性。2000 年，对京津冀城市群净生产力影响较大的因子排序为坡度（0.262 3）>归一化植被指数（0.246 3）>高程（0.210 5）>人口密度（0.199 4），对粮食生产影响较大的因子排序为人口密度（0.672 0）>高程（0.443 7）>坡度（0.291 0）>到最近县域中心的距离（0.188 7），对水源涵养影响较大的因子排序为坡度（0.624 0）>高程（0.367 1）>到最近县域中心的距离（0.181 7）>人口密度（0.179 3），各因子对土壤保持的影响较弱。2010 年，对净生产力影响程度较大的因子排序发生了明显变化，转变为人口密度（0.417 5）>高程（0.403 5）>坡度（0.391 7）>到最近县域中心的距离（0.239 1）。单因子探测结果表明高程和坡度是净生产力和水源涵养的主导因子，人口密度是粮食生产的主导因子。

表 6-1 京津冀城市群生态系统服务影响因素的因子探测结果

分类		净生产力		粮食生产		水源涵养		土壤保持	
		P	Q	P	Q	P	Q	P	Q
2000年	高程	0.210 5	0.000 0	0.443 7	0.000 0	0.367 1	0.000 0	0.033 0	0.000 0
	坡度	0.262 3	0.000 0	0.291 0	0.000 0	0.624 0	0.000 0	0.059 4	0.000 0
	归一化植被指数	0.246 3	0.000 0	0.063 4	0.000 0	0.142 6	0.000 0	0.003 7	0.000 0
	人口密度	0.199 4	0.000 0	0.672 0	0.000 0	0.179 3	0.000 0	0.036 8	0.000 0
	城市化率	0.084 5	0.000 0	0.088 5	0.000 0	0.009 0	0.000 0	0.004 8	0.000 0
	到最近河流的距离	0.022 2	0.000 0	0.029 1	0.000 0	0.024 7	0.000 0	0.001 1	0.394 1
	到最近公路的距离	0.030 3	0.000 0	0.035 5	0.000 0	0.011 0	0.000 0	0.004 2	0.000 0
	到最近县域中心的距离	0.127 6	0.000 0	0.188 7	0.000 0	0.181 7	0.000 0	0.019 9	0.000 0
2010年	高程	0.403 5	0.000 0	0.469 5	0.000 0	0.373 0	0.000 0	0.117 4	0.000 0
	坡度	0.391 7	0.000 0	0.315 2	0.000 0	0.615 3	0.000 0	0.146 7	0.000 0
	归一化植被指数	0.150 3	0.000 0	0.035 8	0.000 0	0.134 4	0.000 0	0.023 2	0.000 0
	人口密度	0.417 5	0.000 0	0.660 9	0.000 0	0.181 0	0.000 0	0.061 5	0.000 0
	城市化率	0.056 4	0.000 0	0.063 7	0.000 0	0.018 3	0.000 0	0.016 2	0.000 0
	到最近河流的距离	0.034 8	0.000 0	0.036 7	0.000 0	0.024 4	0.000 0	0.011 4	0.000 0
	到最近公路的距离	0.054 0	0.000 0	0.040 1	0.000 0	0.014 5	0.000 0	0.016 1	0.000 0
	到最近县域中心的距离	0.239 1	0.000 0	0.194 3	0.000 0	0.182 0	0.000 0	0.040 9	0.000 0

6.3 生态系统服务空间分异的交互影响因素

诸多地理现象往往是多因子交互的结果。地理探测器的交互探测结果显示：各因子对生态系统服务的交互作用呈非线性增强或相互增强两种模式。这说明任意两个因子交互后对生态系统服务的因子解释力均会显著提升，强于单个因子的解释力。从交互探测结果中筛选出交互作用较大的因子组合（P 值大于 0.5）（表 6-2）。归一化植被指数与高程、坡度对净生产力产生非线性增强作用。对粮食生产来说，除城市化率外，人口密度因子与其他因子呈相互增强作用，且交互作用值明显高于其他因子交互作用值，其次是高程因子，由此说明人口和地形是影响粮食生产的关键性因素。同时，城市化率因子对高程和人口密度呈非线性增强作用，说明城市化率是影响粮食生产的重要外生性因素。对于水源涵养而言，坡度因子与其他因子的交互作用值明显高于其他因子的交互作用值，说明坡度是影响水源涵养的关键性因素。归一化植被指数和城市化率分别对高程和坡度具有非线性增强作用，说明归一化植被指数和城市化率是影响水源涵养的重要外生性因素。

综合单因子探测与交互探测分析可知，水源涵养受人文因子的影响低于自然因子，粮食生产受人文因子的影响最为显著，10年间人文因子对净生产力的影响增大。多因子交互后人文因子对生态系统服务的影响程度明显增强，由此说明人文因子主要通过与自然因子的交

表6-2 京津冀城市群生态系统服务影响因素的交互探测结果（$P>0.5$）

分类		交互因子	判据	比较结果	交互作用
2000年	净生产力	高程∩归一化植被指数	0.506 0>0.456 8	C>A+B	归一化植被指数↗高程
		归一化植被指数∩坡度	0.502 6>0.445 7	C>A+B	坡度↗归一化植被指数
	粮食生产	高程∩归一化植被指数	0.532 8>0.507 1	C>A+B	归一化植被指数↗高程
		高程∩人口密度	0.699 7<1.115 7	A, B<C<A+B	人口密度↑↑高程
		高程∩城市化率	0.608 0>0.532 2	C>A+B	城市化率↗高程
		坡度∩人口密度	0.697 3<0.963 0	A, B<C<A+B	坡度↑↑人口密度
		归一化植被指数∩人口密度	0.700 7<0.735 4	A, B<C<A+B	归一化植被指数↑↑人口密度
		人口密度∩城市化率	0.834 2>0.760 5	C>A+B	城市化率↗人口密度
		人口密度∩到最近河流的距离	0.681 1<0.701 1	A, B<C<A+B	人口密度↑↑到最近河流的距离
		人口密度∩到最近公路的距离	0.680 4<1.408 6	A, B<C<A+B	人口密度↑↑到最近公路的距离
		人口密度∩到最近县域中心的距离	0.680 2<0.860 7	A, B<C<A+B	人口密度↑↑到最近县域中心的距离
	水源涵养	高程∩坡度	0.663 5<0.991 2	A, B<C<A+B	高程↑↑坡度
		高程∩归一化植被指数	0.642 2>0.507 9	C>A+B	归一化植被指数↗高程
		坡度∩归一化植被指数	0.716 1<0.766 7	A, B<C<A+B	坡度↑↑归一化植被指数

续表 6-2

分类		交互因子	判据	比较结果	交互作用
2000年	水源涵养	坡度∩人口密度	0.642 1<0.804 3	A, $B<C<A+B$	坡度↑↑人口密度
		坡度∩城市化率	0.646 6>0.633 1	$C>A+B$	城市化率↗坡度
		坡度∩到最近河流的距离	0.628 0<0.648 8	A, $B<C<A+B$	坡度↑↑到最近河流的距离
		坡度∩到最近公路的距离	0.632 6<0.635 1	A, $B<C<A+B$	坡度↑↑到最近公路的距离
		坡度∩到最近县域中心的距离	0.636 0<0.805 8	A, $B<C<A+B$	坡度↑↑到最近县域中心的距离
2010年	净生产力	高程∩归一化植被指数	0.582 6>0.553 8	$C>A+B$	归一化植被指数↗高程
		坡度∩人口密度	0.514 8<0.809 2	A, $B<C<A+B$	坡度↑↑人口密度
		归一化植被指数∩坡度	0.594 4>0.567 8	$C>A+B$	坡度↗归一化植被指数
	粮食生产	高程∩坡度	0.580 8<0.945 1	A, $B<C<A+B$	高程↑↑坡度
		高程∩归一化植被指数	0.598 8>0.593 5	$C>A+B$	归一化植被指数↗高程
		高程∩人口密度	0.726 2<1.261 2	A, $B<C<A+B$	高程↑↑人口密度
		高程∩城市化率	0.653 9>0.588 5	$C>A+B$	城市化率↗高程
		高程∩到最近河流的距离	0.572 8<0.618 2	A, $B<C<A+B$	高程↑↑到最近河流的距离
		高程∩到最近公路的距离	0.577 1<0.623 3	A, $B<C<A+B$	高程↑↑到最近公路的距离
		高程∩到最近县域中心的距离	0.578 8<0.811 5	A, $B<C<A+B$	高程↑↑到最近县域中心的距离
		坡度∩人口密度	0.724 3<1.066 9	A, $B<C<A+B$	坡度↑↑人口密度
		归一化植被指数∩人口密度	0.728 9>0.715 3	$C>A+B$	人口密度↗归一化植被指数
		人口密度∩城市化率	0.846 7>0.710 3	$C>A+B$	城市化率↗人口密度
		人口密度∩到最近河流的距离	0.694 4<0.740 0	A, $B<C<A+B$	人口密度↑↑到最近河流的距离
		人口密度∩到最近公路的距离	0.697 4<0.745 1	A, $B<C<A+B$	人口密度↑↑到最近公路的距离
		人口密度∩到最近县域中心的距离	0.701 4<0.933 3	A, $B<C<A+B$	人口密度↑↑到最近县域中心的距离
	水源涵养	高程∩坡度	0.656 5<0.988 3	A, $B<C<A+B$	高程↑↑坡度
		高程∩归一化植被指数	0.568 7>0.507 4	$C>A+B$	归一化植被指数↗高程
		坡度∩归一化植被指数	0.674 3<0.749 7	A, $B<C<A+B$	坡度↑↑归一化植被指数

续表 6-2

分类		交互因子	判据	比较结果	交互作用
2010年	水源涵养	坡度∩人口密度	0.628 2<0.796 3	A，$B<C<A+B$	坡度↑↑人口密度
		坡度∩城市化率	0.658 0>0.633 6	$C>A+B$	城市化率↗坡度
		坡度∩到最近河流的距离	0.619 0<0.639 7	A，$B<C<A+B$	坡度↑↑到最近河流的距离
		坡度∩到最近公路的距离	0.623 4<0.629 8	A，$B<C<A+B$	坡度↑↑到最近公路的距离
		坡度∩到最近县域中心的距离	0.627 5<0.797 3	A，$B<C<A+B$	坡度↑↑到最近县域中心的距离

注：A表示$P_{D,H}(D_1)$；B表示$P_{D,H}(D_2)$；C表示$P_{D,H}(D_3)$。$P_{D,H}(D)$的含义可参考公式2-16。"$A↗B$"表示A对B具有非线性增强作用；"$A↑↑B$"表示A与B具有相互增强作用。

互作用对生态系统服务产生影响。

6.4 本章小结

利用地理探测器从 1 km×1 km 网格尺度对生态系统服务的影响因素进行定量分析。人口和地形是粮食生产的关键因素，坡度是水源涵养的关键因素。影响净生产力的主导因子由2000年的坡度转变为2010年的人口密度，各因子对土壤保持的影响较弱。10年间，人口密度因子对净生产力的影响程度超过了坡度和高程因子。各项生态系统服务受自然因子和人文因子的综合作用，多因子交互后人文因子的影响程度更加凸显。值得注意的是，城市化与人口密度交互后对粮食生产产生显著影响，城市化率和粮食生产、水源涵养的分布具有显著的空间相似性，这将会引起城市扩张需求与生态系统服务供给之间的矛盾。另外，不论是因子探测还是交互探测分析，归一化植被指数都显示出对净生产力的显著影响，这离不开生态恢复工程的巨大作用。2000—2010年，京津冀城市群的草地和林地分别增加了 686.06 km^2 和 350.13 km^2，燕山植被覆盖的归一化植被指数值达到 0.67。生态恢复工程的建设使燕山和太行山地区的净生产力、水源涵养、土壤保持均呈现增加趋势。

第 6 章表格来源

表 6-1、表 6-2 源自：笔者绘制．

7 生态系统服务保持与恢复政策建议

经济社会的迅速发展所引发的生态环境退化问题越来越严重，它已经成为影响人类健康、社会发展和经济增长的制约性因素。生态系统服务的保持和恢复依赖于生态系统的保护，生态系统的保护是一项涉及多个利益主体、多项制度建设、多种管理决策的综合过程。伴随京津冀协同发展战略目标的实施，生态文明建设已成为京津冀城市群实现可持续发展的重要内容，加强京津冀的生态文明制度建设、建立环境与发展综合决策机制，已经成为经济和生态协调发展的重要推动力量。生态系统服务的保持和恢复可将京津冀协同发展和生态文明建设作为依托，加强对生态系统管理、监督、法规等方面的体系建设，发挥制度和管理决策方面的优势，从源头上扭转生态系统恶化趋势，保障区域生态系统服务的可持续性供给，推动京津冀城市群的生态文明建设和协同发展，为新常态下寻求更加契合区域发展需求的生态保护提供支撑。

土地是生态系统服务的载体，土地利用变化不仅会改变生态系统的景观格局，而且会影响土壤、水分、养分等物质循环和能量流动等生态过程，进而对土壤保持、水源涵养、粮食生产等生态系统服务产生影响[1-2]。因此，对土地利用方式和强度的选择与管理，有助于实现多种生态系统服务的共赢。目前，对土地利用方式和强度的管理、生态功能区保护、生态补偿政策、生态制度建立等是实现生态系统保持和恢复的主要方向。

7.1 加强土地开发强度的控制，调整建设用地扩张速度

建设用地的扩张和耕地的减少已成为京津冀城市群突出的土地利用变化现象。土地是生态系统的空间载体，生态系统服务的保持和恢复离不开对土地利用格局、类型和强度的管理与调整。随着京津冀城市群在全国经济、产业、文化、信息技术等方面的优势越来越大，经济发展和人口增长对土地利用的需求也越来越强。以北京、天津、唐山为主的城市建设用地扩张迅速，居住、工业、商业、交通等设施的建设和扩张不仅对城市周边的优质耕地产生占用，而且对林地、草

地、湿地等生态空间造成挤占。交通用地、工程建设用地、水利设施用地等易对生态系统的整体性和连通性产生割裂，造成农田、森林、湿地等生态用地的破碎化，对生态系统过程和功能产生直接影响。河北和天津的沿海地区是京津冀地区湿地生态系统的重要分布区，湿地生态系统具有提供生物栖息地、碳储存、气体调节、水质净化、景观美学等多种生态系统服务的功能。随着沿海地区商业、贸易、旅游等开发活动的加剧，部分湿地生态系统面临被建设用地所占用或破坏的问题。例如，天津滨海新区的填海造地活动在增加和延伸港口仓储服务的同时，不可避免地对滨海湿地、河岸、滩涂产生占用和破坏，对湿地生态系统服务产生严重影响。

根据2015年《京津冀协同发展规划纲要》对北京非首都功能进行疏解的方案，一些高耗能的区域物流基地、区域专业性批发市场已经开始向河北疏解，教育、医疗、培训机构等社会公共服务功能也将进行逐渐疏解。非首都功能的疏解有助于北京、天津、河北的产业转型和升级，但在疏解的过程中，对接收功能疏解区域的土地资源的需求会剧增，对这些区域的土地开发强度、开发类型及空间格局会产生重大影响，进而对生态用地的保护产生威胁。在京津冀城市群产业结构调整的过程中，更加需要在经济发展的同时加强对生态用地的保护。主体功能区划和生态红线保护战略是控制建设用地开发强度、保护生态用地的重要战略措施，对于京津冀城市群生态系统服务的保持和恢复来说，应该根据自然地理特征和生态保护需求，结合京津冀经济发展规划、主体功能区划、环境保护规划等，构建以空间规划为基础，以用途管制为手段的土地开发保护制度，解决因盲目开发、无序开发、过度开发、分散开发等导致的耕地和生态用地占用过多所造成的严重的生态系统破坏问题。应将开发强度指标分解到县域级行政单元，严格管控城镇扩张、交通建设及产业过程中的建设用地总量。制定符合区域发展的生态保护红线划分标准，严格划定生态保护红线区，对生态红线区实行分级管理，引导人口、产业、资源的合理布局与协调发展。

7.2 维护区域生态系统服务主导功能，促进社会－经济－生态协同发展

京津冀城市群拥有多样化的生态系统，其中北部和西部区域以林地和草地生态系统为主，是京津冀水源涵养服务的主导功能区。2000年以来，国家和政府已经采取了一系列政策措施对生态环境与自然资源的可持续利用进行保护和恢复。其中，针对生态系统保护和恢复而

实施的"天然林保护工程""退耕还林还草"项目是全国最大的生态系统保护工程项目，为遏制生态环境恶化、保护生物多样性以及促进社会、经济和生态的可持续发展发挥了积极的作用。但是该区域的粮食生产能力较低，需要在生态保护的过程中实现生态服务维持与恢复和经济发展的双赢，是该类型区可持续发展所面临的主要挑战。京津冀东南部平原地区是粮食生产服务主导功能区，为了长期维持较好的粮食生产供给能力，实施集约型农业和轮作制度是实现粮食生产服务可持续供给的主要途径。以北京、天津、唐山为主的"京津唐"地区是京津冀城市群人口最密集区域，该区域为经济发展和人口增长的集中区域，该类区域的主导功能是为人类社会经济提供发展空间，生态系统服务功能较低。城市扩张对城市周边耕地占用明显，在实行耕地"占补平衡"的过程中，存在占优补劣的现象，对京津冀城市群的粮食生产服务提出巨大挑战。在京津冀城市群部分以采掘业或重工业为主导产业的城市和县域，产业的迅猛增长对生态环境产生了严重的破坏。例如，一些以石料加工为主的产业对矿山进行过度开采和滥采，不仅破坏了生态系统的完整性，而且阻碍了生态系统的恢复能力，对生态环境的破坏具有持久性和不可恢复性。建设用地需求的强大对耕地产生不同规模的侵占，建设用地与耕地的矛盾反映了城市发展与乡村开发之间的二元结构问题。因此，管理土地开发强度的过程需要与城乡一体化发展衔接起来。

7.3 缓解生态系统服务权衡，促进生态系统服务协同

通过统计分析可知，京津冀城市群的粮食生产服务分别与水源涵养、土壤保持服务呈现权衡关系。虽然存在这样的权衡关系，但并不等于局地尺度上粮食生产服务的提升就必然会导致水源涵养服务和土壤保持服务的下降。由上文分析可知，京津冀城市群的耕地已经受到建设用地扩张的占用，2000—2010年粮食生产服务的增加并不是来自耕地面积的增加，而是由于粮食产量的上升。因此，调节粮食生产服务与水源涵养服务、土壤保持服务的权衡关系并不意味着要通过减少耕地面积、增加林草地面积来实现。粮食生产服务能力的维持需要在提高耕地集约利用效率和农业技术的支持下来实现，水源涵养服务和土壤保持服务的维持除增加林地、草地面积之外，可在共享式土地利用模式的基础上进行因地制宜的改进。综上，粮食生产服务与调节服务之间的权衡关系相对较易进行缓解。然而，除净生产力、粮食生产、水源涵养、土壤保持外，京津冀城市群还具有其他多种生态系统服务，继续研究和探讨多种生态系统服务的权衡关系十分重要，寻求

缓解生态系统服务权衡的有效手段是生态系统服务可持续供给的巨大挑战。

生态补偿制度是逐步缓解生态系统服务权衡、增进生态系统服务协同的重要手段。党的十八大报告要求，"建立反映市场供求和资源稀缺程度、体现生态价值和代际补偿的资源有偿使用制度和生态补偿制度"。在生态补偿对象上，京津冀城市群森林和草原生态系统的生态补偿力度相对较大，以中央财政转移支付的方式实施的京津冀风沙源治理、退耕还林、天然林保护工程等生态补偿项目，对京津冀的生态系统保持和恢复发挥了重要的作用。但生态补偿机制目前仍处于起步阶段，尚未将对耕地和土壤的生态补偿纳入补偿范围。在补偿方式上，主要以中央向地方的纵向财政转移支付为主，地方级行政区划之间、流域上下游之间、不同利益主体之间横向转移支付的生态补偿机制发展相对缓慢。因此，首先需要增强对重要生态系统（森林、草原、湿地等）及其所产生的生态功能（水源涵养、土壤保持、碳储存、气体净化等）的生态补偿力度。例如，提高对京津冀城市群国有、集体及个人所有的国家级公益林的补偿标准，重视对河北、天津沿海地区湿地生态系统（滨海湿地、滩涂、沼泽）的绝对性保护和生态补偿政策。其次需要积极开展多种形式的生态补偿试点，因为不同区域的不同生态系统具有不同的生态过程和生态功能。最后需要科学制定生态补偿标准体系，根据各领域、不同区域的特点，完善补偿测算方法，分别制定科学合理的生态补偿标准，是科学实施生态补偿的必要条件。另外，在生态系统保护的实践过程中，地方可以在中央转移支付的基础上，采取补助和奖励相结合的方式，支持限制开发区和禁止开发区的生态保护效益，形成多种生态补偿模式，建立横向与纵向相结合的生态补偿机制。

7.4 推进生态文明制度建设，建立健全生态保护法律法规

以上关于生态系统服务保持和恢复及生态文明建设的政策建议，均建立在生态保护相关法律法规支持的基础之上。生态文明建设归根结底是法制文明。目前，我国已经初步形成了以《中华人民共和国环境保护法》为基础，以污染防治法和生态保护法为两大支柱的生态环境保护法律体系。但在生态环境法律的执行过程中，仍然面临诸多困境和问题。京津冀城市群作为首都、直辖市和省级行政区的协同发展区域，具有独特的行政管理优势。在促进生态环境法律执行、监督和管理的过程中，必须进一步建立和健全生态环境保护的法律法规，使生态环境执法有法可依。

建立生态保护考评制度是推进生态环境保护的新视角和新方法。从政府作为管理主体的视角，通过将生态环境保护纳入绩效考核体系中，将生态环境保护与管理主体的政绩考核相联系，对决策者和管理者进行生态绩效考核可作为生态环境保护的有效措施。该项措施与国家对生态环境保护与政绩考核挂钩的战略举措密不可分。2015年出台的《开展领导干部自然资源资产离任审计试点方案》对不合理开发和利用自然资源造成的生态环境破坏具有很强的制约作用，是建立科学的生态考评制度的重要依据和基础。同时，在生态考评制度中，应注重跨行政区域之间的协调与合作体系，地方与地方之间要形成实质性的环境协作机制。同时考虑行政区域划分的历史因素及流域、生物群落、生物多样性、保护栖息地等生态环境因素。将行政区划与生态系统单元结合起来，采取跨行政区域的生态管理方式，在省级行政单元以下不同层级的地方政府（市域、区、县）间建立区域治理机构、网络，逐步实现"行政经济区"向跨省区、跨市区、跨县域的"生态经济区"转变。建立起系统化的生态系统政策体系，将生态系统保护的战略目标和决策目标与其他领域的决策目标进行融合。通过建立生态保护考评体制，结合跨区域的合作与协调机制，共同促进京津冀社会、经济、政治、文化、生态的"五位一体"式协同发展。

生态系统服务的保持和恢复不仅是政府管理部门的责任与义务，而且是每一位民众自身应具有的责任与义务，动员民众参与生态环境的保护在促进生态保护的监督和管理方面具有重要作用。首先，应当扩大生态保护信息的公开范围，保障公众的生态环境知情权、表达权、参与权和监督权，强化社会监督，积极吸引公众广泛参与生态文明建设。例如，通过新媒体合理有效地监督政府管理部门在生态环境保护中的责任。其次，需建立公众实现生态环境利益诉求的平台和渠道，完善生态环境公益的诉讼制度，促使公众参与和监督、舆论监督成为规范管理主体、企业和个人生态环境的重要手段。另外，利用现有的科学教育手段，增强全民生态教育。例如，德国政府除了在高校的生态环境专业之外，还建立了生态环境教育机构来对政府管理者、民众、企业及普通民众进行培训和教育，使其了解并掌握生态环境保护技术和法律法规，从思想意识上促进民众对参与生态环境保护的积极性和主动性。

7.5　本章小结

提出生态系统服务保持和恢复的调控策略。生态系统服务的保持和恢复不仅需要根据生态系统的格局和变化来进行完善，而且需要从生态系统服务的视角来调整土地利用的类型、强度、方式等。在行政管理方面，需要建立科学的生态考评制度，将生态系统保护与政绩考核相挂钩，完善不同等级行政区划之间、同等级行政区划之间的跨行政区划生态管理，逐步实现"行政经济区"向跨省区、跨市区、跨县域的"生态经济区"转变，建立起系统化的生态系统政策体系。加强对土地开发强度的控制，通过对县域级行政区划土地利用类型、格局和强度的合理管控，实现对生态空间的保护。严格施行生态保护红线规范，在全国主体生态功能保护区划的基础上，根据区域发展特点、资源承载力及生态环境现状采取不同的生态环境保护措施。健全生态补偿机制，遵循差异化原则，在补偿力度、补偿对象、补偿指标体系等方面实现科学化的管理和评估。生态环境保护法律法规是实现生态环境保护和生态文明建设的重要支撑和手段，使生态环境保护有法可依、有法可循。同时增强对民众参与生态环境保护意识的引导和教育，动员民众参与生态环境保护的监督和管理，是实现生态系统服务保持和恢复的重要基础力量。

第 7 章参考文献

［1］ 傅伯杰. 生态系统服务与生态安全［M］. 北京：高等教育出版社，2013.

［2］ FOLEY J A, ASNER G P, COSTA M H, et al. Amazonia revealed: forest degradation and loss of ecosystem goods and services in the Amazon Basin［J］. Frontiers in Ecology and the Environment, 2007, 5(1): 25–32.

8 总结与展望

在全球变化、城市化和工业化过程逐渐加剧的背景下，人类的经济与社会发展对活动空间、自然资源、生物资源的需求不断增大，通过不同的土地利用方式对地表自然环境格局产生巨大影响。人类对地表自然环境产生影响的重要表现之一是将自然生态系统改造为半自然或人工状态的生态系统，这不仅对生态系统服务的结构、过程和功能产生影响，而且极大地影响了生态系统为人类提供产品和服务的能力，对人类与生态环境的可持续发展提出了挑战。在人类活动密集区域，人类社会经济活动的驱动使土地利用/覆盖的空间格局、结构、类型及功能等均发生了显著的变化，对生态系统服务的供给、调节、支持、文化等服务产生显著影响。本书在已有研究的基础上，基于土地覆盖数据、遥感数据、地形数据、气象数据、土壤数据及社会经济统计数据等，分别对京津冀城市群的土地利用/覆盖和生态系统服务的空间格局和变化进行了多尺度分析，并采用定量与定性相结合的方法对土地利用/覆盖变化（LUCC）对生态系统服务的影响关系进行了分析，得到如下结论，并在此结论的基础上进行相关的讨论。

8.1 主要结论

本书基于 2000 年和 2010 年两个年份的首套全球 30 m 空间分辨率的地表覆盖数据（GlobeLand30），采用多尺度空间统计和地类转换矩阵的方法，在京津冀全区、三省市、市域、县域及 1 km×1 km 格网尺度上，对京津冀城市群的土地利用/覆盖空间格局和变化进行了多尺度分析；同时，参考千年生态系统评估框架，通过对京津冀城市群社会、经济、生态环境方面现状和发展历程的分析，并考虑到多源数据的可获取性，最终选择了四类生态系统服务作为京津冀城市群主要的生态系统服务类型，即植被净初级生产力、粮食生产、水源涵养、土壤保持。在植被覆盖指数、高程、降水、土壤、社会经济统计等数据的支撑下，分别选取四类生态系统服务的估算模型，对 1 km×1 km 格网的生态系统服务进行估算。将估算结果与空间统计方法相结合，对京津冀城市群的生态系统服务空间格局和时空变化进行了多尺度分析。采用统计学的相关分析方法对生态系统服务之间的相关关系进行了计算和分析；利用因子分析结合多元线性回归模型的方法，分析了土地利用/覆盖因素和社会经济因素对生态系统服务变化的影响。

通过对京津冀全区、三省市、市域、县域和 1 km×1 km 格网尺度的 LUCC 进行分析发现，建设用地增加、耕地减少是京津冀最为突出的土地变化特征。在京津冀全区尺度上，土地利用/覆盖最显著的变化是建设用地的增加和耕地的减少。在三省市尺度上，受行政区划面积的影响，河北耕地和建设用地的变化量均最高。北京、天津和河北的耕地下降速率相对接近，但天津和北京的建设用地增长率远高于河北。在市域尺度上，LUCC 的突出特征仍然是建设用地的增加和耕地的减少，建设用地增加幅度最大的是唐山，其次是张家口和廊坊。同时在市域尺度上，林地、草地的变化趋势逐渐明显，如张家口全市呈现大幅的耕地减少和草地增加趋势。在县域尺度上，耕地减少的区域主要分布在由北京、天津和唐山形成的"京津唐"地区，北京、承德和唐山交界的县域呈现林地增加趋势，张家口北部县域是草地增加的集中区域。在 1 km×1 km 格网尺度上，耕地的减少区是建设用地增加的高值区，而耕地呈增加态势的区域是建设用地增加的低值区。

通过分析县域和 1 km×1 km 格网尺度的 LUCC，揭示了耕地和建设用地变化的局部空间特征。在县域和 1 km×1 km 格网尺度上，2000—2010 年建设用地扩张区域沿北京—保定—石家庄、北京—天津、唐山—天津—沧州三条轴线呈点轴式分布，交通节点城市的建设用地扩张明显，围绕中心城市呈蔓延式向外扩张。北京、天津、保定、唐山等城市均呈现迅速扩张趋势，占用了城市周边的大量耕地，沿海区域大规模的填海造地活动使建设用地迅速增加。京津冀城市群建设用地空间扩张的非均衡特征十分突出，组团扩张和网络扩张特征明显。基于 30 m 空间分辨率数据的耕地和建设用地变化细节图，10 年间建设用地扩张区域与耕地缩减区域在分布上呈现空间叠加形态。通过分析京津冀全区和三省市尺度的地类转换矩阵，揭示了导致 LUCC 的直接原因。耕地向建设用地和草地的转换是京津冀耕地总量减少、建设用地和草地总量增加的直接原因。河北的地类转换特征与京津冀全区相似，北京主要表现为耕地和草地向建设用地转换，天津的地类转换特征主要表现为耕地向建设用地的转换。

通过对生态系统服务的多层次统计与分析，揭示了生态系统服务格局和时空变化的多尺度特征。随着研究单元尺度的下降，水源涵养服务与土壤保持服务在空间分布格局上的相似性越来越明显，同时与粮食生产服务的空间格局具有明显的区域差异性。2000—2010年，京津冀全区粮食生产服务呈增加趋势，而净生产力、水源涵养服务、土壤保持服务均呈下降态势，其中净生产力的下降幅度和下降速率最高。河北的生态系统服务变化趋势与京津冀全区相同，北京和天津在粮食生产服务、土壤保持服务和水源涵养服务上的变化趋势与京津冀全区存在差异。在市域尺度上，粮食生产服务显著增长的城市在水源涵养和土壤保持功能上则呈现出微弱减小的趋势。在县域尺度上，四类生态系统服务局部"热点"和"冷点"的空间分异特征更加明显。在1 km×1 km格网尺度上，水源涵养服务增加的区域呈斑块状零散分布于北京、承德和天津。土壤保持服务变化幅度较大的区域分别呈斑块状分布于京津冀西南部的河北与山西的交界区域和东北部的承德与秦皇岛的交界区域，土壤保持服务变化显著区均位于京津冀土壤保持服务的高值区。

通过对生态系统服务进行空间叠加分析和聚类分析，探讨了县域单元生态系统服务供给多样性和综合性的空间差异特征。以各类生态系统服务平均值为划分标准，若空间单元的值高于该类生态系统服务的平均值，则判定该空间单元具有较强的提供该类生态系统服务的能力。对高于各自平均值的生态系统服务总数量进行赋值，得到县域单元生态系统服务供给多样性的空间分布。随着生态系统服务供给类型数量的增加，京津冀城市群呈现由沿海平原地区向内陆山地地区增加的圈层状分布格局。四类生态系统服务供给能力均较差的区域主要分布于"京津唐"地区。10年间，具有两类服务供给能力的县域向不同方向变化，部分县域具有了提供三类生态系统服务的能力，也有部分县域的供给类型向单一化发展。根据聚类分析法得到生态系统服务综合性供给的空间格局，将京津冀城市群划分为人口集聚区、粮食生产区、水源涵养区和土壤保持区。通过对综合性供给的空间差异性分析，为优化生态系统服务的可持续供给提供决策基础。

基于生态系统服务的标准化数据，采用相关性分析方法对生态系统服务之间的权衡关系进行了多尺度分析。在市域尺度、县域尺度及1 km×1 km格网尺度上，对生态系统服务之间的两两对应关系进行相关性分析。研究发现，在不同尺度上，2000年和2010年净生产力与水源涵养服务、水源涵养服务与土壤保持服务之间均呈稳定的协同关系，而粮食生产服务与水源涵养服务、粮食生产服务与土壤保持服务则呈稳定的权衡关系。京津冀城市群生态系统服务权衡关系的尺度效应并不十分显著。基于生态系统服务标准化后的数据，对各土地利用/覆盖类型所对应的各类生态系统服务进行空间统计，揭示了不同土地类型上各类生态系统服务之间的相互关系。净生产力在两个年份、各个地类之间保持相对稳定的数量特征，耕地的粮食生产服务水平最高，林地的水源涵养服务水平最高，土壤保持服务在各个地类的平均水平均相对较低。2000—2010年，耕地的粮食生产服务呈增加态势，土壤保持服务有所减小。林地、草地和灌丛地的水源涵养服务与土壤保持服务变化微弱，净初级生产力在耕地、林地、草地和灌丛地上均表现为下降趋势。

基于因子分析法和多元线性回归模型，探析了县域单元土地利用/覆盖因素、社会因素、经济因素对生态系统服务变化的影响。对净生产力影响最大的是经济和人口因子。对粮食生产服务、水源涵养服务、土壤保持服务影响最大的均为土地利用/覆盖因子，对粮食生产服务产生负向影响，对水源涵养服务和土壤保持服务均产生负向影响。10年间土地利用/覆盖因子对生态系统服务的影响程度呈上升趋势，其中对净生产力和土壤保持服务的影响程度明显增加。经济和人口因子对生态系统服务的影响亦呈上升趋势，其中对土壤保持服务的影响由2000年的不显著转变为2010年的显著，主要表现为建设用地面积占比和地均第一产业产值影响程度的增加。利用地理探测法分析了格网尺度LUCC对生态系统服务的影响，对主导因子和探测因子进行了分析，人文因子通过与自然因子的交互对生态系统服务的空间格局产生影响。

8.2 创新和不足

8.2.1 探索性尝试

将人文地理学的研究视角与具有多学科交叉性的研究内容相融合。LUCC的格局、过程、机制是地理学的重要研究内容，生态系统服务供给的过程、格局、驱动机制是生态学领域的重要研究内容，土地利用/覆盖与生态系统服务的关系研究具有地理学和生态学的学科交叉性。土地利用/覆盖格局和过程既是影响生态系统服务格局、过程的内生性因素，也是社会、经济等外生性因素的传递者。人类社会经济活动对土地利用/覆盖格局和过程的改变会对生态系统服务产生直接影响，社会经济发展通过对生态、环境和资源的需求变化会对生态系统服务变化产生间接影响。因此，在现实需求和已有研究的共同支撑下，本书基于人文地理学对LUCC、生态系统服务变化及二者的关系的认识视角，将其与自然地理学、生态学、土地科学的理论知识和研究方法相结合，采用GIS的数据处理与制图技术手段，分别对京津冀土地利用/覆盖、生态系统服务的格局、过程及二者的关系进行了系统研究，最终目的是为行政区划单元的 LUCC 与生态系统可持续管理提供决策支持。

采用多尺度分析的方法来揭示不同尺度上土地利用/覆盖、生态系统服务的时空异质性。土地利用/覆盖和生态系统服务均具有一定的尺度依存性特征，不同的尺度反映不同的特征和规律，为不同的行政单元提供不同的决策依据。生态系统服务研究的最终目的是实现人类需求与生态系统服务供给之间的可持续发展。人文地理学研究侧重于分析框架的尺度构建和对实践框架的尺度理解。本书以人类对生态系统服务的需求为切入点，从生态系统服务管理的实践尺度出发，采用与生态系统服务需求密切相关的行政区划单元（省市、市域、县域）结合 1 km×1 km 格网单元进行多尺度分析。从多个尺度上定量表达生态系统服务的空间分布与变化有助于系统地理解生态系统服务的供给状况，防止信息的遗漏。

基于土地利用/覆盖、社会、经济因素对生态系统服务的影响作用，构建了影响生态系统服务变化的综合指标体系。采用因子分析和多元线性回归分析相结合的方法，对县域单元生态系统服务变化的影响因素进行了定量分析，探讨了县域单元土地利用/覆盖、社会、经济等因子对生态系统服务的影响程度及其变化特征，对生态系统服务管理与调控具有重要作用。

8.2.2 存在的不足

评估的生态系统服务类型有限。受多来源和多尺度数据可获取性及生态系统服务评估方法合理性的限制，在区域尺度上很难将全部类型的生态系统服务进行定量估算和分析。因此，在考虑数据获取、估算方法及其对京津冀城市群社会经济和生态环境可持续发展重要性的基础上，本书选择以粮食生产作为供给服务、以水源涵养和土壤保持作为调节服务、以净初级生产力作为支持服务，分别对以上四类进行估算和分析，评估的生态系统服务类型有限。本书四类生态系统服务的评估模型估算主要基于下垫面为植被的生态系统，对于下垫面为水体和湿地生态系统的评估欠缺。水体和湿地虽然在京津冀城市群中的占比相对较小，但水体和湿地对生态系统的供给、调节、支持及文化服务均具有重要作用。未来研究中将进一步增加由水体和湿地生态系统所提供的生态系统服务类型。

需要对不同尺度上生态系统服务变化的关系进行更深入的探讨。生态系统服务的自然条件和生态过程均具有尺度效应，多尺度研究有利于发现不同尺度之间生态系统服务的供给关系，有助于从不同尺度研究单元对生态系统服务的调节与管理进行决策支持。本书虽然已经从多个尺度上分析了生态系统服务的时空变化特征，但对于各个尺度之间的关系还需进一步的深入分析和探讨。如何通过尺度转换之间的关系研究来实现生态系统服务供给与需求的空间匹配，是生态系统服务研究中的关键问题。

对影响生态系统服务的指标体系有待进一步完善。生态系统服务变化受多种驱动因素的影响，而且这些驱动因素之间存在着复杂的相互作用。除可量化的土地利用/覆盖、社会、经济等因素外，决策制度已经成为影响生态系统服务的重要驱动力，但决策制定是一个涉及多方面的复杂过程，在对生态系统服务变化的原因进行定量分析中，很难将决策制定的影响作用进行合理量化。例如，在地方尺度上，一些政府决策可以直接改变生态系统的某些组分，在市级、省级及国家尺度上，任何社会、经济、文化方面的公共决策都可能通过其外部性对生态系统服务产生影响。因此，本书只选择了对生态系统服务变化产生直接影响作用的、便于量化的因子来对生态系统服务变化的影响因素进行分析，所以有待构建更加完善的影响因子指标体系。

8.3 未来研究展望

8.3.1 构建多尺度关联和多主体参与的理论框架

依据生态系统服务本征尺度、研究尺度、管理尺度的空间内涵及研究区土地利用的空间差异，考虑京津冀城市群生态管理的顶层设计和基层实践，关注影响多层次决策的尺度关联因素和关键行为主体。不同层次的组织机构具有不同的决策，因此需要考虑政策的确定、选取与执行过程，以及不同决策在不同尺度上的有效性。为明确是决策实施所带来的效果还是受其他因素影响而产生的效果，可能还需要使用一些中间指标。定量指标可以明确表示决策制定中的利弊关系，对于无法进行定量化的指标使用定性信息也是非常重要的。生态系统保持和恢复决策已经对生态系统服务变化产生了显著影响，需要采用定量化方法（如抽样问卷调查法、访谈法等）对决策实施的效果进行评价。

多尺度研究需要系统整合和探究尺度概念内涵、尺度选择依据、尺度分析方法，对格局、过程与服务进行多尺度识别与尺度关联分析，深入阐释影响过程和影响机制的尺度依赖性。以人地关系理论、等级理论、行为主义地理学、区域地理学等学科理论为指导，对行为与政策的尺度相关性、生态系统服务的跨尺度影响因素及其尺度传递性进行解析。基于土地利用决策响应、行为主体的生态系统服务认知程度及其影响机制的多尺度融合途径，构建多主体参与、多尺度关联的理论框架。

8.3.2 丰富和完善对水体和湿地生态系统所提供服务的评估

生态系统为人类提供了多种产品和服务，这些服务之间具有复杂的关系。对多种生态系统服务进行评估和分析，有助于了解和掌握某一生态系统所提供的服务组合或者不同生态系统服务之间的相互作用，为生态系统的可持续管理提供依据。

多种生态系统服务的评估需要克服数据搜集、数据整合与计算、评估模型的有效性等所带来的一系列问题。水体和湿地是重要的生态系统服务类型，湿地对碳储存、碳循环、生物多样性、栖息地供给及景观美学等生态系统服务的提供均具有重要作用。但在部分沿海区域，人类活动对湿地生态系统的结构和功能产生了严重影响。例如，天津滨海新区和河北曹妃甸沿海大面积的人工填海造地活动，使部分滨海湿地被转化为人工建筑用地，导致湿地面积的缩减。人类活动在影响湿地的面积、分布及结构的过程中，也对湿地提供的生态系统服务产生了影响。评估和分析湿地生态系统所提供服务的空间格局和时空变化、探讨人类活动对湿地生态系统服务的影响具有重要意义。

8.3.3 深入阐释土地利用/覆盖变化对生态系统服务影响的尺度效应

尺度问题是地理学的传统核心问题，某一尺度的研究结论对于另一尺度可能存在相似性和有效性，但也可能需要修正。对 LUCC 与生态系统格局—过程—服务级联关系的识别、比较及应用研究应该是多尺度的。只关注单一尺度容易漏掉尺度之间相互关联的信息，所揭示的影响机制往往存在片面性。多尺度研究需要系统整合和探究尺度概念内涵、尺度选择依据、尺度分析方法，对格局、过程与服务进行多尺度识别与尺度关联分析，深入阐释影响过程和影响机制的尺度依赖性。

已有研究以区域尺度居多，其主要原因是，相比较于全球尺度和局地尺度，特定地区要解决的问题以及决定特定地区 LUCC 的因素更为宽泛，而且区域尺度的研究结论更易于与决策制定的管理尺度相对应。目前对多个尺度的比较、尺度关联性的分析仍较少。LUCC 对生态系统服务的影响具有尺度连续性和传递性，不同尺度之间存在着复杂的嵌套和反馈关系。因此，在关注单一尺度的基础上，还需要重视某一尺度上的 LUCC 对其他尺度生态系统服务的影响。此外，研究结果与管理决策的尺度错位不仅使研究结论的实践指导存在局限性，而且可能导致空间治理中的环境冲突。例如研究尺度的现象和机制是否能够有效反馈到管理尺度的决策制定中？管理尺度的制度与决策是否在局地尺度上具有适宜性和可操作性？这些都是需要进一步研究的问题。

在多层次决策需求的背景下，需要综合考虑土地利用/覆盖与生态系统服务在不同空间尺度之间的相互作用、管理尺度与研究尺度的对应关系、跨尺度因素所发挥的间接驱动作用等。通过多尺度比较和尺度关联分析，识别各尺度上的影响机制，比较不同尺度间的相互联系，明晰影响因素的跨尺度作用机制。另外，需要探讨特定的社会—生态系统中 LUCC 对生态系统服务影响的变异性、弹性及空间阈值，以期为制定有效的多尺度管理决策提供依据。

8.3.4　合理完善土地利用/覆盖变化对生态系统服务影响的尺度分析方法

科学有效的尺度分析方法是识别空间尺度特征、明晰尺度关联、分析尺度效应的关键。不同方法对空间格局、过程、机制的分析结果不同，在此基础上得出的结论和调控策略也必然不同。

多尺度方法是一个促进局地、区域和全球尺度研究标准化、统一化的方法，但在数据获取与整合、模型模拟与应用方面仍面临较大挑战。在数据方面，需要获取不同尺度上自然、社会、生态系统的观测、遥感、统计、调研、访谈等数据，并且需要对不同格式与分辨率的数据进行整合、融合与同化，使数据的空间粒度、幅度与研究尺度相匹配，从而提高量化结果的准确性。在模型选择上，不同模型具有不同的幅度和粒度适宜性，目前大部分适用于景观和流域尺度。数据整合与模型构建是单一空间尺度向多空间尺度转变过程中需要深入探讨的问题。此外，并非所有在多尺度分析中揭示的影响过程与机制都符合要素间实际的组织与结构特征，需要进一步明确哪些尺度的研究结果更加合理。因此，有必要对两种或两种以上多尺度分析方法的研究结果进行实例比较与理论评估。

尺度转换法为探究尺度效应提供了有效的量化工具。其中明确尺度依赖性因素的尺度推绎规则至关重要。目前，多分辨率、多要素、多时段的遥感与观测数据为格局与过程耦合的尺度推绎提供了数据支撑。然而，对尺度推绎规则的研究仍较少。这主要是因为 LUCC 对生态系统服务的影响不仅涉及土地系统、生态系统及社会系统的尺度叠加，而且包括格局与过程的尺度耦合。从哪一系统的尺度效应切入，如何将研究尺度与决策尺度进行多尺度集成，都加剧了尺度推绎规则的复杂性。

遥感和地理信息系统技术为 LUCC 对生态系统服务影响的尺度分析方法提供了海量的数据与有力的分析工具，但技术手段与尺度效应及多尺度理论之间的衔接关系仍然较弱。当前，需要构建土地利用/覆盖、生态系统服务、人类福祉的空间尺度分析模型，依托遥感、地理空间数据和技术进行生态系统服务的尺度集成与优化。

8.3.5 预测和分析未来不同情景下生态系统服务的时空变化

情景预测方法可以帮助我们了解如何在生态系统服务现状的基础上做出各种选择，以及突出强调当前的发展重点。在未来进一步的研究过程中，需要增加 LUCC 和生态系统服务研究的时间节点，在多个时间节点研究结果的基础上，通过构建不同的土地利用变化情景、与生态系统服务以及生态系统服务变化对人类产生的影响密切相关的未来变化情景，阐明不同尺度上 LUCC 对生态系统服务的影响，同时这些变化对人类可持续发展具有重要的影响。根据生态系统向人类社会提供的各种服务，分析不同生态系统服务之间的相互关系，揭示生态系统服务之间的利弊得失，为决策制定的科学性和有效性提供依据。

在本书研究的后续工作中，预期运用多目标优化模型和小尺度土地利用变化及效应（CLUE-S）模型，对京津冀城市群未来土地利用需求进行预测，并对多情景发展模式下的土地利用变化进行模拟，为京津冀城市群不同尺度的土地利用空间优化提供预案与决策建议。拟采用如下方法和流程进行分析：首先，对未来土地利用需求进行预测。第一，多目标土地利用决策函数构建。考虑到京津冀城市群的生态完整性和区域一体化，构建经济效益目标函数和生态系统服务效益目标函数，将社会效益转化为约束条件。第二，约束条件设置。根据北京市、天津市和河北省的土地利用总体规划（2006—2020 年），设置土地、人口、土地开发强度、生态用地保有量等约束条件。第三，模型估算。采用商业数学软件（MATLAB）的多目标遗传算法对土地利用多目标优化模型进行求解，预测未来各地类的用地需求量。其次，对不同情景下的土地利用进行模拟。第一，空间驱动因子的选择。分别从人口、经济、规划目标等方面对土地利用空间驱动因子进行筛选和空间化处理。第二，不同情景模式的设定。结合京津冀城市群未来发展定位，分别设定社会经济快速发展情景、耕地保护情景、生态安全情景三种模式，并预测不同发展情景模式下各驱动因素的变化量。第三，CLUE-S 模型计算。通过多目标模型预测的未来用地总需求量，利用 CLUE-S 模型分别对不同生态系统服务分区的土地利用变化进行模拟。最后，土地利用的多尺度空间优化策略。针对不同情景下的土地利用模拟结果，结合《京津冀协同发展规划纲要》《京津冀协同发展土地利用总体规划（2015—2020 年）》《全国土地利用总体规划纲要（2006—2020 年）》，为京津冀城市群提出针对性的生态安全及国土空间管控对策建议。

本书作者

张宇硕，女，1985年生，山西神池人。北京师范大学人文地理学博士，山西财经大学文化旅游学院教师、硕士生导师，主讲旅游地理学与旅游地理信息系统课程。主要研究方向为区域土地利用变化及其生态影响、生态系统服务与人类活动、公共生态空间与居民福祉等。先后参与有关土地利用变化、生态文明建设等多项研究课题。在《总体环境科学》(Science of the Total Environment)、《可持续》(Sustainability)以及《自然资源学报》《地理科学进展》《经济地理》等期刊发表学术论文20余篇。